BIBLIOTHÈQUE

DE LA

JEUNESSE CHRÉTIENNE

APPROUVÉE

PAR MGR L'ARCHEVÊQUE DE TOURS.

—

2e SÉRIE IN-8°

Jean Racine.

HISTOIRE

DE

JEAN RACINE

CONTENANT DES DÉTAILS

SUR SA VIE PRIVÉE ET SUR SES OUVRAGES

ET DES FRAGMENTS DE SA CORRESPONDANCE

PAR J.-J.-E. ROY

—

DEUXIÈME ÉDITION

TOURS

Ad MAME ET Cie, IMPRIMEURS - LIBRAIRES

—

M DCCC LXIII

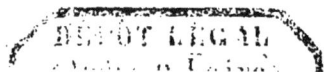

HISTOIRE

DE

JEAN RACINE

—◦◦◦◦◦◦◦◦◦—

CHAPITRE I

Famille de Racine. — Naissance de Jean Racine, le poëte. — Son
entrée au collége de Beauvais. — Il est placé à la maison des
Granges de Port-Royal pour achever son éducation. — En quoi
consistait l'éducation de la jeunesse à cette époque. — Comparaison de cette éducation avec celle de nos jours. — Les corps
enseignants au xviiᵉ siècle. — Les solitaires de Port-Royal-des-
Champs. — Leur système d'éducation. — Instruction qu'y reçut
Racine. — Ses progrès. — Principes religieux qu'il y puisa. —
Son étude de la langue grecque sous Lancelot. — Sa mémoire
prodigieuse. — Le roman de *Théagène et Chariclée*. — Son goût
pour la poésie. — Ses premiers essais. — Vers latins qu'il composa à cette époque. — Ses maîtres s'opposent à son goût pour
la poésie française. — Racine vient à Paris faire sa philosophie
au collége d'Harcourt. — Réflexions sur ce qu'était alors l'enseignement de la philosophie.

La famille de Racine appartenait à cette petite
noblesse qui s'acquérait et se transmettait par les
charges ; et il serait assez indifférent d'en parler, si
ce n'est parce qu'elle portait un *cygne* dans ses ar-
moiries. L'antiquité n'aurait pas manqué de reconnaître ici un présage du talent qui devait donner à
Racine une noblesse bien autrement éclatante que

celle qu'il avait reçue de sa naissance, et qu'il ne devrait qu'à lui-même.

Dans cette famille, tous les aînés portaient le prénom de Jean. Ainsi, le bisaïeul de notre poëte, Jean Racine, était *receveur tant du domaine et duché de Valois que des greniers à sel de la Ferté-Milon et Crespy en Valois.* Il mourut en 1593, laissant un fils nommé Jean, comme lui, qui lui succéda dans la charge de contrôleur du grenier à sel de la Ferté-Milon, mais non dans celle de receveur du domaine de Valois, qui avait été supprimée. Celui-ci avait épousé Marie Desmoulins, dont il eut deux enfants : Agnès Racine, religieuse à Port-Royal, dont nous aurons occasion de parler, et un fils, Jean Racine, qui fut élevé dans le régiment des gardes en qualité de cadet. Son père lui ayant cédé la charge de contrôleur du grenier à sel de la Ferté-Milon, le jeune Jean Racine quitta les gardes pour prendre cet emploi, et épousa en 1638 Jeanne Sconin, fille d'un procureur du roi des eaux et forêts de Villers-Cotterets. De ce mariage naquit, le 21 décembre 1639, Jean Racine, qui devait un jour être un des plus illustres poëtes dont s'honore la France. Cet enfant n'avait que deux ans lorsqu'il perdit sa mère (janvier 1641); et deux ans après, le 6 février 1643, la mort lui enleva son père. Resté orphelin à l'âge de quatre ans, avec une sœur plus jeune que lui, il

fut élevé par son aïeul Jean Racine, qui se chargea
des deux enfants. Enfin, en 1650, il fut encore privé
de ce dernier appui, et demeura, pour ainsi dire,
sans famille à l'âge de onze ans. Il fut placé au collége de Beauvais par les soins de Marie Desmoulins,
sa grand'mère; celle-ci, après la mort de son mari,
s'était retirée à l'abbaye de Port-Royal, où elle avait
une fille religieuse, qui depuis en fut abbesse, et qui
est connue sous le nom d'*Agnès de Sainte-Thècle
Racine.*

A Beauvais, Racine reçut les premiers éléments
des lettres. Dans ce temps-là les troubles de la Fronde
agitaient toute la France. L'esprit de parti s'était
glissé jusque dans les colléges, et les écoliers, divisés
en partisans, les uns de Mazarin, les autres du par-
lement, se battaient entre eux. Dans un de ces com-
bats, Racine reçut au front une blessure dont il porta
toujours la cicatrice au-dessus de l'œil gauche. Sa
grand'mère et sa tante, alarmées de cet événement,
le retirèrent du collége de Beauvais, et le placèrent
dans une maison voisine de Port-Royal, appelée les
Granges, pour achever ses études en quelque sorte
sous leurs yeux. C'était en 1655; ainsi le jeune Racine
avait seize ans.

L'éducation était alors mâle et austère : on appliquait les jeunes gens aux langues anciennes; on les
nourrissait de la lecture des meilleurs auteurs; on les

exerçait à écrire en grec, en latin, en français; on cultivait leur raison par une saine morale, et la religion était la base fondamentale de toute l'instruction. La piété était la science essentielle; on se hâtait de l'inculquer à la jeunesse; les exercices classiques n'étaient point des bals et des concerts; la danse et la musique étaient considérées comme des arts profanes, plus propres à corrompre qu'à former les jeunes gens, plus convenables à des théâtres qu'à des colléges; le dessin était regardé comme un simple délassement, bon pour occuper les moments de loisir; on ne croyait pas que la société eût besoin d'un aussi grand nombre de danseurs, de musiciens, d'histrions; des arts presque entièrement physiques et matériels, et dont l'objet est de flatter les sens, ne paraissaient pas mériter la préférence sur les sciences morales, aliment de l'esprit et du cœur; des connaissances solides étaient beaucoup plus estimées que des plaisirs frivoles; et l'on mettait la vertu et les mœurs fort au-dessus des talents d'agrément. Cependant avec des préjugés si *barbares*, et cette grande rudesse d'opinion, la France n'a pas manqué d'hommes supérieurs dans tous les genres: cet âge offre de grands ministres, des magistrats aussi vertueux qu'éclairés, des prélats aussi pieux que savants, de profonds jurisconsultes, d'habiles médecins, des peintres, des sculpteurs du premier mérite, des architectes fameux, d'élégants écrivains, d'excellents poëtes, des orateurs sublimes. C'est cette éducation, aujourd'hui si grossière à nos yeux, qui a préparé le siècle de Louis XIV; c'est la génération élevée d'après ces maximes *gothiques* qui a fait éclore cette pépinière d'illustres personnages, dont la gloire ne fait que s'accroître et grandir avec le temps, et doit arriver à l'immortalité.

Loin de nous la pensée de vouloir faire d'une manière absolue la critique de l'éducation donnée de nos jours à la jeunesse : les méthodes se sont perfectionnées; d'habiles maîtres président à l'enseignement dans nos lycées et dans nos collèges; mais souvent la corruption, la mollesse, la dissipation, détruisent tout le fruit qu'on pourrait en recueillir. Une éducation efféminée énerve l'esprit et le corps; elle pervertit le jugement et le goût. Une instruction sévère et robuste, et surtout religieuse, fortifie l'entendement, donne aux idées de la justesse et de la vigueur. Il naît des talents dans tous les siècles, mais tous les siècles ne sont pas propres à la culture des talents; et dans les temps de décadence, ce ne sont pas les esprits qui manquent, ce sont les mœurs qui dégradent les esprits. Pour ranimer les lettres et les arts, il faudrait commencer par réformer les mœurs; et malheureusement on les relâche, on les corrompt de plus en plus par le luxe et les plaisirs. Si Corneille et Racine avaient été élevés comme on élève aujourd'hui les enfants, nous n'aurions ni Racine ni Corneille.

Au XVIIe siècle, l'Université de Paris, dépouillée de ces priviléges qui lui donnaient jadis le droit de troubler l'État, n'avait conservé que ceux qui lui assuraient le pouvoir de faire fleurir les lettres et les sciences. Ce corps, dépositaire du goût des anciens et des bonnes études, jouissait alors d'une grande considération ; les lois lui confiaient la direction de l'enseignement public. La société des jésuites, rivale de l'université, partageait avec elle les soins de l'éducation, et administrait avec succès la plupart des colléges de France. Quelques autres congrégations religieuses dirigeaient aussi des écoles dans les provinces. Tout l'espoir de la postérité était entre les mains d'un petit nombre de compagnies pieuses et savantes, animées du même esprit de zèle et d'ardeur pour la religion et les sciences.

Non loin de Paris, dans les bois qui environnaient l'abbaye de Port-Royal-des-Champs, s'était rassemblée une société d'illustres solitaires qui se disaient persécutés pour leurs opinions, mais qui n'étaient en réalité victimes que d'un entêtement bizarre et d'un orgueil insensé. La nécessité de soutenir des systèmes théologiques que l'Église et le gouvernement n'approuvaient pas, les forçait d'acquérir une érudition extraordinaire. Les apologies continuelles qu'ils opposaient à leurs adversaires contribuaient à donner à leur style de la pureté et de l'énergie. Pour être lu, il faut savoir écrire, et les pères de Port-Royal n'avaient de ressources contre l'autorité que dans le suffrage du public, qui s'accorde au mérite de l'écrivain plus encore qu'à celui de sa cause. Afin de rendre leur solitude profitable, ils avaient établi aux Granges, près de Port-Royal, une école célèbre par la vigueur des études et l'austérité de la discipline : les élèves ne trouvaient aucune distraction dangereuse dans ce désert ; ils n'y avaient pour maîtres que des hommes zélés, laborieux et savants, qui remplissaient leurs fonctions comme un devoir sacré, et non comme une corvée désagréable dont on cherche à se dégager. C'est dans cette solitude qu'au sortir du collége de Beauvais Racine fut conduit par cette Providence qui voulait jeter dans son cœur des semences de piété, capables de résister aux passions du monde et aux enchantements du théâtre (1).

Port-Royal était plein des parents de Racine : son aïeule et ses tantes s'étaient consacrées à la vie religieuse dans cette maison ; Racine y était regardé comme un enfant de bénédiction favorisé du Ciel, et on lui prodigua des soins particuliers. Il y trouva, entre autres, Antoine Lemaître et Hamon, l'un avocat

(1) *Vie de Jean Racine*, placée en tête du commentaire de ses œuvres, dans l'édition publiée par Geoffroy.

célèbre, l'autre docteur en médecine, tous deux pleins de connaissances et de lumières, et qui avaient choisi cette retraite pour se livrer à l'étude, à la piété et à l'instruction de la jeunesse. Frappés des dispositions de Racine, ils cultivèrent en lui le goût des lettres, qui d'abord le porta, malgré eux, vers le théâtre; et ils lui inspirèrent en même temps cet esprit de religion qui l'éloigna depuis de la scène française : effets contraires d'une même cause, de cette sensibilité tendre qui faisait le fond de son caractère, et qui, après s'être épanchée dans la peinture des passions de la jeunesse, se concentra tout entière, vers le temps de la maturité, dans cette communication intime de l'homme avec le Créateur, qui, depuis Socrate et Marc-Aurèle jusqu'à Descartes et Fénelon, a toujours eu tant d'attraits pour les âmes sensibles et élevées. Tout ce qui nous reste de Racine nous montre qu'il fut toujours sincèrement attaché à la loi de l'Évangile, même au temps de ses préoccupations théâtrales; et il faut bien que nos soi-disant philosophes lui pardonnent d'avoir été de la religion de Fénelon, de Bossuet, de Despréaux, en un mot, de tous les grands hommes du grand siècle, sans en excepter un seul.

Le savant Lancelot, qui, avec le titre modeste et les fonctions de sacristain de Port-Royal, a eu la plus grande part à la grammaire générale et raisonnée,

connue sous le nom de *Grammaire de Port-Royal,*
et qui fut en même temps assez bon philologue pour
nous donner les meilleurs éléments des langues
grecque, latine, espagnole et italienne, et assez
humble pour n'y pas mettre son nom, se chargea
d'enseigner le grec à Racine; c'était le plus grand
service que l'érudition pût rendre au talent. La jeunesse, cette inappréciable saison de la vie, où l'on
peut tout apprendre et tout retenir, et les dispositions particulières que Racine avait reçues de la nature, surmontèrent aisément les difficultés et les
dégoûts des études élémentaires : leur sécheresse ne
rebuta pas son ardeur; il avait d'ailleurs tout ce qu'il
fallait pour sentir bientôt tout le charme de cette
langue unique, qu'on peut appeler la mère du génie.
Du moment où il fut en état de lire les auteurs, il les
dévora tous avec une singulière avidité, philosophes,
orateurs, historiens, poëtes et romanciers. « Il tra-
duisit une partie du *Banquet* de Platon, fit des extraits
de quelques traités de saint Basile, et quelques remarques sur Platon et sur Homère. Au milieu de ses
occupations, son génie l'entraînait tout entier du côté
de la poésie, et son plus grand plaisir était d'aller
s'enfoncer dans le bois de l'abbaye, avec Sophocle
et Euripide, qu'il savait presque par cœur (1). »

(1) Louis Racine, *Mémoires sur la vie de son père.*

Sa mémoire était prodigieuse. S'étant procuré, on ne sait comment, le roman grec des *Amours de Théogène et de Chariclée*, il le lisait ou plutôt il le dévorait, quand son maître Lancelot le surprit dans cette lecture, lui arracha le livre et le jeta au feu. Le jeune Racine le savait par cœur; il put donc dire à Lancelot: « Brûlez-le, si bon vous semble; je l'ai dans la tête. »

« Il fit connaître à Port-Royal, dit son fils Louis-Racine, sa passion plutôt que son talent pour les vers, par sept odes qu'il composa sur les beautés champêtres de cette solitude, sur les bâtiments de ce monastère, sur le paysage, les prairies, les bois, l'étang, etc. Ces odes, ou plutôt cette prose rimée, n'ont par elles-mêmes rien d'intéressant; mais elles ont du prix aux yeux des amateurs, puisqu'elles offrent le point d'où Racine est parti pour arriver jusqu'à *Athalie* (1).

Il était, à cet âge, plus heureux dans la versification latine que dans la française; il composa quelques pièces en vers latins, qui sont pleines de feu et d'harmonie, et dans lesquelles on reconnaît un jeune homme nourri des bons poëtes latins, dont il sait employer à propos les tours et les expressions. « C'est en imitant les anciens dans leur langue, dit Geoffroy, que Racine est parvenu à servir à jamais de modèle dans la sienne. » Nous citerons les premiers vers d'une

_____

(1) Ces odes se trouvent dans l'édition des œuvres de Racine, publiée par Aimé Martin, t. VII.

prièré qu'il adresse à Notre-Seigneur Jésus-Christ
pour implorer son appui en faveur de la maison de
Port-Royal :

AD CHRISTUM.

O qui perpetuo moderaris sidera motu,
   Fulmine qui terras imperioque regis,
·Summe Deus, magnum rebus solamen in arctis,
   Una salus famulis præsidiumque tuis;
Sancte parens, facilem præbe implorantibus aurem,
   Atque humiles placida suscipe mente preces :
Hanc tutare domum, quæ per discrimina mille,
   Mille per insidias, vix superesse potest.

Si les vers latins de Racine trouvaient grâce devant
ses maîtres, son goût pour la poésie française alarmait ces hommes graves et prudents, qui voyaient
dans ce genre, trop souvent consacré à la frivolité et
à la galanterie, beaucoup de dangers pour les mœurs,
et le plus grand obstacle à un établissement honnête.
Ils raisonnaient d'après les maximes de la morale
religieuse, et d'après une parfaite connaissance de la
société. Ne pouvant prévoir à quel degré Racine devait s'élever un jour par son talent poétique, ils sui-
vaient les conseils de l'expérience en l'écartant d'une
carrière où l'on n'obtient souvent, au prix de travaux opiniâtres, que le ridicule, le mépris et la pau-
vreté. Il n'y a guère dans un siècle que trois ou quatre
génies qui s'élèvent au-dessus de la médiocrité, et

c'est compter sur un prodige que d'encourager un jeune métromane.

Il faut convenir que les premiers vers de Racine justifiaient les réprimandes de ses maîtres : les accents dont sa muse naissante fit retentir les bois de Port-Royal n'avaient rien de mélodieux, rien qui pût faire deviner Racine ; ses stances et ses petites odes n'étaient point les préludes des chœurs d'Esther et d'Athalie. De mauvais vers faits à seize ans n'ôtent pas, il est vrai, l'espérance ; mais ils ne sauraient non plus la donner.

Après trois ans de séjour à Port-Royal, Racine, âgé d'environ dix-neuf ans, vint à Paris faire sa philosophie au collége d'Harcourt. Quelle philosophie ! vont s'écrier nos philosophes d'aujourd'hui. Ils ont raison, sans doute, de blâmer plusieurs subtilités épineuses qui déshonoraient l'ancienne philosophie ; mais qu'ils nous expliquent donc enfin pourquoi les auteurs à qui l'on a enseigné cette philosophie ont mis dans leurs écrits une raison plus saine, un sens plus droit, un jugement et un goût plus exquis que tous les élèves de la philosophie moderne? Comment se fait-il que la philosophie, en se perfectionnant, ait formé tant d'esprits faux et de mauvais raisonneurs? Pourquoi les Arnaud, les Nicole, les Pascal, les Bossuet, les Fénelon, les Molière, les Boileau, les Racine, les la Bruyère, les la Fontaine, etc., tous nourris dans leurs études de syllogismes, de propositions, d'universaux, et de tout ce jargon barbare aujourd'hui si décrié, ont-ils cependant été de profonds penseurs, d'excellents philosophes et des esprits éminemment raisonnables? Il faut croire que la simplicité des mœurs, la probité, la vertu, la droiture du cœur, ont plus de pouvoir encore que l'enseignement pour épurer la raison, et que les lumières dans des hommes corrompus ne servent qu'à leur fournir des armes pour colorer les sophismes d'une mauvaise conscience. Voilà pourquoi l'essentiel de l'éducation sera toujours de former les mœurs et d'inspirer des sentiments honnêtes (1).

(1) Geoffroy, *Vie de Jean Racine,* t. Ier, p. XIX.

CHAPITRE II

Sonnet de Racine à l'occasion de la paix des Pyrénées. — Mécontentement de sa famille. — Premier succès de Racine. — *La Nymphe de la Seine.* — Protection que Chapelain accorde à Racine. — Embarras de Racine pour le choix d'un état. — Il accepte les propositions d'un oncle, qui lui offre la résignation de ses bénéfices s'il veut embrasser l'état ecclésiastique. — Séjour de Racine à Uzès. — Fragments de lettres à ses amis. — Ses premiers essais de poésie dramatique. — Son retour à Paris.

L'aridité des études philosophiques n'avait pas desséché la séve poétique de Racine. Il composa un sonnet adressé au cardinal Mazarin à l'occasion de la paix des Pyrénées, qu'il avait conclue le 7 novembre 1659. Ce morceau, qui ne nous a pas été conservé, et qui probablement ne le méritait guère, attira à son auteur de vertes réprimandes de sa famille et de ses anciens maîtres de Port-Royal.

Un succès fit oublier à Racine toutes les remontrances, tous les sermons de ses instituteurs sur les dangers de la poésie. A l'occasion du mariage de Louis XIV avec Marie-Thérèse d'Autriche, infante d'Espagne, Racine composa une ode intitulée *la Nymphe de la Seine,* qui fut jugée la meilleure de toutes les pièces qui parurent sur le même sujet. Mais, tout en composant son ode, il redoutait plus que jamais le mécontentement de sa famille ; on peut en juger par ce passage d'une lettre qu'il écrit à un ami de collége, l'abbé le Vasseur : « L'ode a été « montrée à M. Chapelain ; il a marqué quelques « changements à faire ; je les ai faits ; et j'étais em- « barrassé pour savoir si ces changements n'étaient « point eux-mêmes à changer. Je ne savais à qui « m'adresser. M. Vitart (1) est rarement capable de « donner son attention à quelque chose. M. l'Avocat « n'en donne pas beaucoup non plus à ces sortes de « choses. Il aime mieux ne voir jamais une pièce, « quelque belle qu'elle soit, que de la voir une « seconde fois ; si bien que j'étais près de consul- « ter, comme Malherbe, une vieille servante, si je « ne m'étais aperçu qu'elle est janséniste comme « son maître (2), et qu'elle pourrait me déceler ; ce « qui serait ma ruine entière, vu que je reçois encore « tous les jours lettres sur lettres, ou, pour mieux « dire, excommunications sur excommunications, à « cause de mon triste sonnet. (C'était le sonnet au cardinal Mazarin). » Plus loin il ajoute : « M. Cha- « pelain a donc reçu l'ode avec la plus grande bonté

---

(1) Cousin germain de Racine et parent de l'abbé le Vasseur.

(2) Le duc de Luynes, dans l'hôtel duquel Racine logeait, ainsi que son cousin Vitart.

« du monde : tout malade qu'il était, il l'a retenue
« trois jours, et a fait des remarques par écrit que
« j'ai fort bien suivies... En rendant l'ode à M. Vi-
« tart, qui la lui avait présentée sans nommer l'au-
« teur, il a dit : « Cette ode est fort belle, fort poé-
« tique, et il y a beaucoup de stances qui ne peuvent
« être mieux. Si l'on repasse le peu d'endroits que
« j'ai remarqués, on en fera une fort belle pièce. » Il
« a tant pressé M. Vitart de lui en nommer l'au-
« teur, que M. Vitart veut à toute force me mener
« chez lui. Il veut qu'il me voie. Cette vue nuira
« bien sans doute à l'estime qu'il a pu concevoir
« de moi.

     « Ce qu'il y a de plus considérable à changer, ç'a
« été une stance entière, qui est celle des Tritons.
« Il s'est trouvé que les Tritons n'avaient jamais
« logé dans les fleuves, mais seulement dans la mer.
« Je les ai souhaités bien des fois noyés tous tant
« qu'ils sont, pour la peine qu'ils m'ont donnée. »

     Chapelain ne se borna pas à faire quelques observa-
tions au jeune Racine ; comme il jouissait alors d'un
grand crédit, il parla si favorablement à Colbert et de
l'ode et du poëte, que ce ministre lui envoya cent
louis (1) de la part du roi, et le mit peu de temps
après sur l'état des pensions pour une somme de six

---

(1) Le louis ne valait alors que onze francs ; c'était donc une somme
de onze cents francs.

cents livres. Si les vers de Chapelain ne font pas beaucoup d'honneur à son esprit, ce procédé en fait beaucoup à son discernement et à son caractère; et le philosophe qui a soutenu, par des raisons aussi solides qu'éloquentes, qu'une belle page était plus difficile à faire qu'une belle action, pouvait citer cet exemple comme une nouvelle preuve de la vérité de son opinion.

Ce premier succès, dans un âge où il n'y en a point d'indifférent, ne fit qu'accroître la passion de Racine pour la poésie; mais il augmenta les reproches de sa famille et de ses amis, qui ne regardaient pas comme une profession solide et un établissement dans la société la facilité d'habiller de quelques rimes des pensées agréables. On le pressa de choisir un état en rapport avec l'éducation qu'il avait reçue et les connaissances qu'il avait acquises. Ce choix est toujours un moment de crise dans la vie d'un jeune homme; mais il l'était encore bien plus pour Racine, qui, avec une imagination vive, une passion ardente pour les lettres, se voyait lancé dans le tourbillon du monde sans fortune, et tous les moyens d'en acquérir lui paraissaient insipides. Il suivit quelque temps les écoles de droit et essaya du barreau; mais il ne tarda pas à s'en dégoûter. Son cousin Vitart, qui était intendant du duc de Chevreuse, lui proposa la régie des biens de campagne, et, pour l'exercer à ce genre d'affaires, il l'envoya passer quelque temps à Chevreuse, pour surveiller quelques réparations qu'il y avait à faire au château. Il s'ennuya si fort de cette occupation et de ce séjour, qui lui parut une captivité, qu'il datait les lettres qu'il en écrivait, *de Babylone*. « Les poëtes, dit Geoffroy, aiment la campagne pour la chanter, mais non pas pour y vivre; ils sont faits pour sentir ses beautés, et non pour gouverner ses productions. Virgile ne consent à s'ensevelir dans les forêts que lorsqu'il désespère de briller dans les sciences; et ce n'est qu'après avoir supposé le temple des Muses inaccessible à sa faiblesse qu'il s'écrie, pour se consoler :

Flumina amem sylvasque inglorius. »

On proposa enfin à Racine d'entrer dans l'état ecclésiastique. Un de ses oncles maternels, le père Sconin, chanoine régulier de Sainte-Geneviève, homme fort estimé dans cette congrégation, dont il avait été général, habitait alors Uzès, en Languedoc, où il était chanoine de la cathédrale, prieur de Saint-Maximin, et de plus official et grand vicaire. Il offrit à son neveu Racine de lui résigner ses bénéfices, s'il voulait entrer dans les ordres sacrés, et venir vivre et faire ses études théologiques auprès de lui. Quoiqu'il fût loin d'avoir une vocation prononcée pour l'état ecclésiastique, Racine accepta les offres de son oncle et partit pour Uzès, où il resta près de trois années.

Pour donner à nos lecteurs une idée de la manière dont il passait son temps dans ce pays, nous citerons quelques fragments des lettres qu'il adressait à ses amis. Le 26 décembre 1661, il écrivait à l'abbé le Vasseur :

« ..... Continuez donc, s'il vous plaît, ou plutôt
« commencez tout de bon à m'écrire, quand ce ne
« serait que par charité. Je suis en danger d'oublier
« bientôt le peu de français que je sais; je le désap-
« prends tous les jours, et je ne parle tantôt plus que
« le langage de ce pays, qui est aussi peu français
« que le bas-breton.

> Ipse mihi videor jam dedidicisse Latine ;
> Jam didici Getice, Sarmaticeque loqui (1).

« J'ai cru qu'Ovide vous faisait pitié, quand vous
« songiez qu'un si galant homme que lui était obligé
« de parler scythe lorsqu'il était relégué parmi ces
« barbares; cependant il s'en faut beaucoup qu'il fût
« si à plaindre que moi. Ovide possédait si bien toute
« l'élégance romaine, qu'il ne la pouvait jamais
« oublier; et, quand il serait revenu à Rome après
« un exil de vingt années, il aurait toujours fait taire
« les plus beaux esprits de la cour d'Auguste : au lieu

---

(1) « Il me semble que je ne sais plus le latin, depuis que j'ai appris le gète et le sarmate. » (OVIDE, *Trist.*, lib. V, eleg. XII.)

« que, n'ayant qu'une petite teinture du bon fran-
« çais, je suis en danger de tout perdre en moins de
« six mois, et de n'être plus intelligible si je reviens
« jamais à Paris. Quel plaisir aurez-vous quand je
« serai devenu le plus grand paysan du monde? Vous
« ferez bien mieux de m'entretenir un peu dans le
« langage qu'on parle à Paris : vos lettres me tien-
« dront lieu de livres et d'académie... (1). »

Nous citerons encore cette lettre adressée à son cousin M. Vitart; on verra, dans la première partie, que les études théologiques ne l'empêchaient pas de se livrer à son goût pour la poésie. Elle est datée d'Uzès, du 17 janvier 1662.

« Les plus beaux jours que vous donnent le prin-
« temps ne valent pas ceux que l'hiver nous laisse ici,
« et jamais le mois de mai ne vous paraît si agréable
« que l'est pour nous le mois de janvier.

> Le soleil est toujours riant;
> Depuis qu'il part de l'orient
> Pour venir éclairer le monde,
> Jusqu'à ce que son char soit descendu dans l'onde,
> La vapeur des brouillards ne voile point les cieux;
> Tous les matins un vent officieux
> En écarte toutes les nues :

(1) « Ces plaintes, dit Louis Racine dans ses notes, l'exactitude de l'orthographe de ces lettres, écrites à la hâte, les coups de crayon qu'on trouve de lui sur les remarques et le *Quinte-Curce* de Vaugelas, prouvent combien il avait à cœur de bien parler la langue française. »

Ainsi nos jours ne sont jamais couverts;
  Et dans le plus fort des hivers,
  Nos campagnes sont revêtues
  De fleurs et d'arbres toujours verts.

  Les ruisseaux respectent leurs rives,
  Et leurs naïades fugitives,
  Sans sortir de leur lit natal,
Errent paisiblement, et ne sont point captives
  Sous une prison de cristal...

  .   .   .   .

Enfin, lorsque la nuit a déployé ses voiles,
  La lune, au visage changeant,
  Paraît sur un trône d'argent,
  Et tient cercle avec les étoiles.
Le ciel est toujours clair tant que dure son cours,
Et nous avons des nuits plus belles que vos jours (1).

24 janvier 1662.

« J'ai fait une longue pause en cet endroit, parce
« que, lorsque j'écrivais ces vers il y a huit jours, la
« chaleur de la poésie m'emporta si loin, que je ne
« m'aperçus pas qu'il était trop tard pour porter mes
« lettres à la poste. Je commence aujourd'hui 24
« janvier; mais il est arrivé un assez plaisant chan-
« gement : car, en relisant mes vers, je reconnais qu'il
« n'y en a pas un de vrai; il ne cesse de pleuvoir de-
« puis trois jours, et l'on dirait que le temps a juré de

---

(1) Tous ces vers que Racine jetait ainsi, sans travail et sans préten-
tion, au milieu de ses lettres familières, ont une facilité et une grâce
qui contraste singulièrement avec le mauvais goût du temps, et ils
annoncent déjà un poëte d'un ordre supérieur.

« me faire mentir. J'aurais autant de sujet de faire
« une description du mauvais temps, comme j'en ai
« fait une du beau; mais j'ai peur que je ne m'engage
« encore si avant, que je ne puisse achever cette lettre
« que dans huit jours, auquel temps, peut-être, le
« ciel se sera remis au beau. Je n'aurais jamais fait :
« cela m'apprend que cette maxime est bien vraie :

La vita al fin, il di loda la sera.

« Pour louer la vie et la journée, attends la fin de l'une et le
soir de l'autre.

« Je passe tout le temps avec mon oncle, avec saint
« Thomas et Virgile; je fais force extraits de théo-
« logie et quelques-uns de poésie : voilà comme je
« passe le temps, et je ne m'ennuie pas, surtout
« quand j'ai reçu quelque lettre de vous; elle me
« sert de compagnie pendant deux jours.

« Mon oncle a toutes sortes de bons desseins pour
« moi; mais il n'en a point encore d'assuré, parce que
« les affaires du chapitre sont encore incertaines.....
« Il m'a fait habiller de noir depuis les pieds jusqu'à
« la tête. La mode de ce pays est de porter un drap
« d'Espagne qui est fort beau, et qui coûte vingt-trois
« livres (environ 43 francs 25 centimes d'aujourd'hui).
« Il m'en a fait faire un habit; j'ai maintenant la
« mine d'un des meilleurs bourgeois de la ville. Il
« attend toujours l'occasion de me pourvoir de quel-
« que chose, et ce sera alors que je tâcherai de payer

« une partie de mes dettes, si je puis; car je ne puis
« rien faire avant ce temps. Je me remets devant les
« yeux toutes les importunités que vous avez reçues
« de moi; j'en rougis à l'heure que je vous parle :
« *erubuit puer, salva res est.* Mais mes affaires n'en
« vont pas mieux, et cette sentence est bien fausse,
« si ce n'est que vous vouliez prendre cette rougeur
« pour reconnaissance de tout ce que je vous dois,
« dont je me souviendrai toute ma vie. »

Nous terminerons par ce fragment d'une lettre
adressée au même, et datée du 16 mai 1662 :

« … On vient me voir ici fort souvent, et on tâche
« de me débaucher pour me mener en compagnie.
« Quoique je n'aime pas à refuser ces sortes d'invita-
« tions, je me tiens pourtant sur la négative et je ne
« sors point. Mon oncle m'en sait fort bon gré, et je
« me console avec mes livres. Comme on sait que je
« m'y plais, il y a bien des gens dans la ville qui m'en
« apportent tous les jours. Les uns m'en donnent de
« grecs, les autres d'espagnol et de toutes les langues.
« Pour la composition je ne puis m'y mettre. — *Sic*
« *enim sum complexus otium, ut ab eo divelli non*
« *queam. Itaque, aut libris me delecto, quorum habeo*
« *festivam copiam, aut te cogito. A scribendo prorsus*
« *abhorret animus* (1). — Cicéron mandait cela à

(1) « Je me suis si bien livré à l'oisiveté, que je ne puis plus m'en
arracher. Ainsi, tantôt je m'amuse avec mes livres, dont j'ai une grande

« Atticus ; mais j'ai une raison particulière de ne
« point composer, qui est que je suis trop embarrassé
« du mauvais succès de mes affaires, et cette inquié-
« tude sèche toutes les pensées de vers ou de galan-
« terie que je pourrais avoir. Je ne sais même où j'en
« serais, n'était la confiance que j'ai en vous, puis-
« que vous voulez bien que je l'aie... »

Nous remarquons dans cette lettre un passage où
Racine montre qu'il était loin d'avoir cette piété fer-
vente qui le distingua plus tard. Voici ce passage :
« Je tâcherai d'écrire cette après-dînée à ma tante
« Vitart et à ma tante la religieuse (la mère Agnès
« de Sainte-Thècle Racine, religieuse à Port-Royal),
« puisque vous vous en plaignez. Vous devez pour-
« tant m'excuser si je ne l'ai pas fait, et elles aussi ;
« car, que puis-je leur mander ? C'est bien assez de
« faire ici l'hypocrite, sans le faire encore à Paris
« par lettres ; car j'appelle hypocrisie d'écrire des
« lettres où il ne faut parler que de dévotion, et ne
« faire autre chose que se recommander aux prières.
« Ce n'est pas que je n'en aie bon besoin ; mais je
« voudrais qu'on en fît pour moi sans être obligé
« d'en tant demander. Si Dieu veut que je sois prieur,
« j'en ferai pour les autres autant qu'on en aura fait
« pour moi... »

provision, tantôt je pense à vous ; mais il m'est impossible de me mettre
à écrire. »

Nous bornerons là ces extraits des lettres de Racine à des amis intimes dans le temps de sa jeunesse, et que pour cette raison son fils, Louis Racine, appelle ses *juvenilia*. Dans ces lettres, écrites en toute liberté, qui n'étaient destinées à être lues que par une seule personne, le badinage est si innocent, que « je n'ai jamais rien trouvé, dit Racine le fils, qui ait dû m'obliger à en supprimer une seule. On y voit un jeune homme enjoué, aimant à railler, conservant toujours des sentiments de piété dans le cœur, quoiqu'il paraisse content de n'être plus sous la sévère discipline de Port-Royal; plein de tendresse pour ses amis, fuyant le monde et les plaisirs par raison, pour se livrer tout entier à l'étude de la théologie, et surtout à son unique passion, la poésie. » Ainsi il associait à saint Thomas Homère, Euripide et Arioste, et, tout en étudiant la théologie par intérêt et par nécessité, il cultivait les lettres par goût et par sentiment.

Il paraît que ce fut pendant son séjour en Languedoc qu'il commença à s'occuper de compositions dramatiques. Le fameux roman de *Théagène et Chariclée*, qui lui avait attiré tant de sévères remontrances de la part de Lancelot, lui fournit le sujet de son premier essai dans ce genre; essai malheureux qui n'a jamais paru au théâtre, et dont il ne reste rien. « Il abandonna cette tragédie, dit Louis Racine, ne

2

trouvant pas que des aventures romanesques méri-
tassent d'être mises sur la scène tragique. Il retourna
à Euripide, et y prit le sujet de la *Thébaïde*, qu'il
avança beaucoup, en même temps qu'il s'appliquait
à la théologie. »

Enfin, las des incertitudes et des tergiversations
de son oncle, qui promettait toujours et ne tenait
jamais, n'espérant recevoir aucun des bénéfices qu'on
lui avait promis, dégoûté de la scolastique et du
séjour de la province, Racine revint à Paris, rap-
portant pour tout bagage sa *Thébaïde* à demi composée (1).

(1) Cependant Racine fut pourvu, quelque temps après, du prieuré
de Lépinai, dont il porta le titre sans en toucher les revenus : le seul
fruit qu'il en recueillit fut un procès qu'il eut à soutenir, et qu'il perdit, contre un chanoine régulier qui lui disputa le bénéfice ; mais le
public profita du procès, lequel fit éclore la charmante comédie des
Plaideurs.

CHAPITRE III

Encouragements donnés à Racine par Molière. — Ode sur la convalescence du roi. — Ode ayant pour titre *la Renommée aux Muses*. — Avantage que cette dernière pièce lui procure. — Commencement de sa liaison avec Boileau. — Représentations de la *Thébaïde*. — Jugement sur cette pièce. — Représentation d'*Alexandre*. — Anecdote à ce sujet. — Cause de la rupture entre Racine et Molière. — Estime que ces deux poètes conservent l'un pour l'autre. — Partisans et censeurs de la tragédie d'*Alexandre*. — *Andromaque*, premier chef-d'œuvre de Racine. — On manque de détails sur la vie privée de Racine pendant l'espace de dix ans qui s'est écoulé entre la représentation d'*Andromaque* et celle de *Phèdre*.

Molière, alors directeur du théâtre du Palais-Royal, avait la réputation de bien accueillir les jeunes auteurs. Racine alla le trouver, et lui présenta sa tragédie encore à l'ébauche. Molière entrevit sans doute, dans cette production imparfaite, le germe d'un heureux talent; il encouragea le jeune homme, loua ses dispositions, et l'excita à mettre le plus tôt possible la dernière main à son œuvre.

Tout en travaillant à sa tragédie, Racine publia deux pièces de circonstance, desquelles il attendait peut-être quelques avantages plus solides que ceux qu'il retirerait de sa *Thébaïde*, ce genre d'ouvrages étant alors fort peu productif pour les auteurs. La première était une ode *sur la convalescence du roi*, composée à l'occasion de la rougeole dont Louis XIV fut attaqué le 9 juin 1663. Cette pièce, assez médiocre, ne paraît avoir eu aucun succès. Il n'en fut pas de même de la seconde, qui ne valait guère mieux et qui avait pour titre *la Renommée aux Muses*. Cette ode avait pour objet de célébrer les nombreux encouragements prodigués à cette époque par Louis XIV aux lettres, aux sciences et aux arts; l'établissement des trois académies; les gratifications et les pensions accordées aux gens de lettres, aux savants nationaux et étrangers.

« *La Renommée* a été assez heureuse, écrit-il à
« son ami l'abbé le Vasseur, le 23 novembre 1663.
« M. le comte de Saint-Aignan (François de Beau-
« villiers) l'a trouvée fort belle. Il a demandé mes
« autres ouvrages, et m'a demandé moi-même. Je le
« dois aller saluer demain. Je ne l'ai pas trouvé au-
« jourd'hui au lever du roi; mais j'y ai trouvé Mo-
« lière, à qui le roi a donné assez de louanges, et
« j'en ai été bien aise pour lui; il a été bien aise
« aussi que j'y fusse présent. » On peut juger par ce passage que le jeune roi aimait déjà à voir les poëtes à sa cour. *La Renommée aux Muses* valut à l'auteur

une seconde gratification royale, dont l'ordre était
énoncé en ces termes : *Pour lui donner les moyens de
continuer son application aux lettres.* Mais un avantage plus précieux dont cette même pièce fut pour
lui l'occasion, ce fut la connaissance qu'il fit de
Boileau. L'ode fut communiquée au célèbre satirique
par l'abbé le Vasseur. Despréaux fit quelques observations dont la justesse frappa Racine, qui désira le
connaître et le remercier. Telle fut l'origine de cette
liaison intime qui se forma entre les deux poëtes, et
de cet attachement réciproque, si honorable à la fois
pour les deux amis et pour les lettres.

La *Thébaïde ou les frères ennemis* parut en 1664.
Elle eut quinze représentations, et fut vivement applaudie. On était alors plus indulgent qu'aujour-
d'hui. Cette pièce est depuis longtemps rayée du
répertoire, et c'est surtout la perfection de Racine
qui nous a rendus difficiles. La conduite de cette
pièce annonce un jeune homme dont la tête n'est pas
assez forte pour combiner un plan, créer des situa-
tions et maîtriser son sujet : partout l'auteur imite
Euripide, Sénèque et Rotrou, et le dernier beaucoup
plus que les autres. Ces imitations ne sont point assez
fondues; il n'y a presque ajouté de son propre fonds
aucune invention qui puisse lui faire honneur. Quant
au style, on y reconnaît les défauts de Corneille, le
goût de ce grand poëte pour la déclamation et les

raisonnements subtils ; mais on remarque aussi des
tirades vigoureuses que Corneille aurait pu avouer,
des traits mâles et fiers, quelques coups de pinceau
d'un grand effet, et surtout d'une extrême facilité, un
heureux talent pour la versification, et le germe de
cette éloquence naturelle qui fait le charme des écrits
de Racine. Malgré les incorrections, les négligences
et les fautes de toute espèce échappées à l'inexpé-
rience, à la précipitation, cette pièce, comparée à
celles qui paraissaient dans ce temps-là, pouvait
passer pour bien écrite : on y voit que le poëte tend
au naturel, à l'élégance, à la politesse ; qu'il commence à perfectionner la langue poétique. Si l'on
veut surtout rapprocher du style de la *Thébaïde* celui
des ouvrages que le grand Corneille produisait à la
même époque (*OEdipe, Pertharite, Sophonisbe*, etc.),
on sera étonné de l'extrême supériorité de Racine.
C'est donc relativement à ses propres chefs-d'œuvre
que son coup d'essai paraît si médiocre ; mais à côté
des productions de Quinault et des deux Corneille,
qui occupaient alors la scène avec succès, ce coup
d'essai est l'ouvrage d'un grand poëte (1).

La tragédie d'*Alexandre*, jouée l'année suivante
(1665), eut un succès bien plus grand encore que
celui de *la Thébaïde*. Cette pièce montrait de grands

(1) Geoffroy, jugement sur la *Thébaïde* de Racine.

progrès dans la versification de l'auteur, alors âgé de vingt-cinq ans; mais, hors les vers, rien dans ces deux ouvrages n'annonçait encore Racine. Ce nouvel ouvrage n'était guère qu'une imitation de Corneille, dont l'auteur s'efforça de prendre le ton et la manière. On raconte, à l'occasion de cette pièce, que Racine, après l'avoir composée, alla consulter Corneille sur son œuvre. Corneille, après en avoir entendu la lecture, dit au jeune poëte qu'il paraissait avoir beaucoup de talent pour les vers, mais qu'il n'en avait point pour le théâtre, et qu'il ne lui conseillait pas de s'y adonner. Cette anecdote est révoquée en doute par Geoffroy, et il appuie son opinion de motifs qui nous paraissent assez plausibles; mais voici une autre anecdote qui est beaucoup plus authentique, et qui nous explique la rupture de la liaison qui s'était formée entre Racine et Molière.

Racine avait fait représenter son *Alexandre*, le 15 décembre 1665, sur le théâtre de Molière. Les acteurs, assez médiocres dans le tragique, ne firent pas beaucoup valoir l'ouvrage, qui n'eut d'abord qu'un faible succès. Racine, mécontent, retira sa pièce et la porta au théâtre de l'hôtel de Bourgogne, dont les comédiens avaient plus de réputation dans la tragédie. On dit même qu'elle fut jouée le même jour par les deux troupes. Molière trouva mauvais ce procédé de Racine, et ces deux hommes si dis-

tingués cessèrent dès lors toutes relations d'amitié,
sans cesser toutefois de s'estimer. Racine n'en fut
pas moins disposé à reconnaître le mérite de Molière;
il fut un des plus ardents à défendre ses chefs-d'œuvre
contre l'ignorance et le mauvais goût. « Le lendemain de la première représentation du *Misanthrope*,
qui fut très-malheureuse, dit Racine le fils, un homme
qui crut faire plaisir à mon père courut lui annoncer
cette nouvelle en lui disant : « La pièce est tombée;
« rien n'est si froid; vous pouvez m'en croire, j'y
« étais. — Vous y étiez, reprit mon père, et je n'y
« étais pas; cependant je n'en crois rien, parce qu'il
« est impossible que Molière ait fait une mauvaise
« pièce; retournez-y et examinez-la mieux. »

Molière ne se montra pas moins équitable et moins
généreux à l'égard des *Plaideurs*. Il assista à la
seconde représentation, qui fut aussi mal accueillie
du public que la première; et il dit tout haut en
sortant que cette comédie était excellente, et que
ceux qui s'en moquaient méritaient qu'on se moquât
d'eux.

Alexandre eut beaucoup de partisans et de censeurs. La lecture de cette tragédie fit écrire à Saint-
Évremond que la vieillesse de Corneille ne l'alarmait
plus, et qu'il n'avait plus à craindre de voir finir
avec lui la tragédie; et cet aveu de Saint-Évremond
dut consoler le poëte de la critique que le même

écrivain, dont les jugements avaient alors un grand crédit, fit de cette même tragédie : « Il est vrai, dit Racine le fils, qu'elle avait de grands défauts, et que l'auteur s'y livrait encore à sa prodigieuse facilité de rimer. Boileau sut la modérer par ses conseils, et s'est toujours vanté de lui avoir appris l'art de faire difficilement des vers faciles. »

Animé par le succès d'*Alexandre*, éclairé par les conseils de Boileau, qui ne faisait du reste que seconder le progrès rapide de son esprit, Racine entreprit une nouvelle tâche qu'il acheva en moins de deux ans. En 1667 parut *Andromaque*, son vrai début puisque c'est le premier ouvrage qui révèle clairement la puissance et le caractère particulier de son génie. «D'*Alexandre* à *Andromaque*, dit Geoffroy, l'intervalle est immense et presque incalculable. » Dans ses deux premières pièces, Racine n'était encore qu'un jeune homme qui annonçait les plus brillantes dispositions. Supérieur à tout ce qui l'environnait, le premier écrivain de cette époque et le plus heureux imitateur de Corneille, il sacrifiait cependant au goût dominant et prenait le ton à la mode; il essayait encore son talent... Ce n'est que dans *Andromaque* que son talent, déjà formé, se déclare : il n'imite plus personne, il se montre digne d'être imité lui-même; ce n'est plus un disciple, un émule de Corneille; c'est Racine qui se révèle au public avec un ton, un style, une manière qui lui appartiennent, avec des traits qui lui sont propres, et lui composent une physionomie particulière (1). »

La partie de la vie de Racine qui s'étend d'*Andromaque* (1667) à *Phèdre* (1677), c'est-à-dire depuis son premier chef-d'œuvre jusqu'à sa retraite du théâtre, cette période si remplie et si éclatante, est celle sur laquelle les mémoires du temps et ceux de son fils nous ont transmis le moins de détails. Les dates de ses pièces, et un certain nombre de faits relatifs aux circonstances de leur première apparition sur la scène, aux critiques qui en furent faites, et aux querelles littéraires dont elles furent l'occasion, voilà tous les matériaux qui ont été laissés aux biographes pour cet espace de temps. Du reste, il ne nous est venu presque aucun détail sur la vie intérieure de Racine pendant ces dix années, ni sur les relations qu'il entretint avec le monde en dehors de ses triomphes et de ses luttes d'auteurs. On ne peut combler cette lacune en recourant au recueil de sa correspondance, puisque, par un singulier hasard, de toutes les lettres qu'il écrivit pendant cet intervalle de dix ans, aucune n'a été conservée. Louis Racine, quoiqu'il se dise peu instruit des particularités de cette période de l'histoire paternelle, eût pu

(1) Geoffroy, examen d'*Andromaque*.

sans doute nous en révéler plus d'un détail intime qu'il lui était difficile d'ignorer; mais un scrupule de religion et de piété filiale l'a retenu; il n'a pas voulu initier la postérité au secret de ces années d'agitations, de gloire et de faiblesses que Racine lui-même avait condamnées, qu'il avait voulu expier en réformant sa vie et en renonçant au théâtre pour jamais. Par austérité chrétienne et par respect pour le long repentir de son père, arrivé aux chapitres où la postérité eût été si curieuse d'étudier l'âme et le cœur de Racine, il écarte et cherche à oublier lui-même ce qu'il sait; il jette sur cette moitié d'une si touchante histoire un voile que nos regards voudraient en vain percer. Nous en sommes réduits à un petit nombre d'indications fugitives, par lesquelles les contemporains, trop peu soigneux de recueillir pour la postérité toutes les circonstances de la vie du grand homme, ont trahi par hasard quelques mots du secret que la piété filiale a gardé.

Les souvenirs recueillis sur les rapports du poëte avec le public, les traits et les anecdotes conservées sur la représentation de ses ouvrages et sur ses démêlés avec les auteurs, sont si connus, que nous jugeons inutile de les donner ici. L'opposition que la ligue des auteurs fit au succès de *Britannicus;* les vicissitudes de la comédie des *Plaideurs,* d'abord condamnée par le parterre, puis sauvée par les rires de

Louis XIV (1); la résolution que prit le roi, après avoir vu *Britannicus*, de ne plus figurer dans les ballets de la cour (2); la lutte entreprise avec Cor-

(1) La pièce était complétement tombée à la seconde représentation, malgré les protestations de Molière, que nous avons rapportées. Un mois après, les comédiens s'avisèrent de jouer cette pièce devant le roi et toute la cour, comme petite pièce après une tragédie. Louis XIV jugea les *Plaideurs* comme Molière les avait jugés. Il ne crut pas déroger à sa dignité en riant aux éclats, et, comme on le pense bien, toute la cour rit encore plus fort que le roi. Les comédiens, charmés d'un succès qu'ils n'avaient pas espéré, s'empressèrent de revenir à Paris, où ils arrivèrent au milieu de la nuit, et allèrent réveiller l'auteur pour lui annoncer cette bonne nouvelle. Racine habitait alors l'hôtel des Ursins dans la Cité. Trois carrosses pendant la nuit, dans une rue où il n'en paraissait presque jamais dans le jour, réveillèrent tout le voisinage; on se mit aux fenêtres; et comme on savait qu'un conseiller aux requêtes s'était plaint de la comédie des *Plaideurs*, on ne douta point que la justice outragée ne se fût vengée du poëte en le faisant mettre à la Bastille. Le lendemain, tout Paris croyait Racine en prison. Cette plaisante méprise, et la connaissance qu'on eut bientôt du suffrage du monarque et de la cour, ramenèrent à la comédie des *Plaideurs* le bon peuple de Paris; et depuis longtemps la pièce est en possession de faire rire la Justice elle-même.

(2) Louis Racine rapporte dans ses mémoires que ces vers de la dernière scène du quatrième acte de *Britaunicus* :

> Pour toute ambition, pour vertu singulière,
> Il excelle à conduire un char dans la carrière,
> A se donner lui-même en spectacle aux Romains,

firent une vive impression sur Louis XIV, qui crut y voir une censure de sa conduite, et que dès ce moment il quitta l'habitude où il était de figurer dans les ballets qui se donnaient à sa cour. Tout le monde a répété cette anecdote, et cependant, quand on réfléchit, il est facile de reconnaître tout ce qu'elle a d'invraisemblable. Il est très-possible que Louis XIV ait réfléchi, *à propos de ces vers*, sur le peu de dignité qu'il y avait pour un monarque à danser en public; mais qu'il les ait crus dirigés contre lui, et surtout que Racine ait jamais eu la pensée de les lui appliquer, cela est contraire à toute vraisemblance. Ces vers sont si naturellement placés dans la bouche de Narcisse, ils sont si conformes à neille sur le sujet de *Bérénice,* indiqué ou, pour mieux dire, imposé aux deux poëtes par la duchesse d'Orléans; les critiques de Mme de Sévigné sur *Bajazet,* les menées de Mme Deshoulières et du duc de Nevers en faveur de Pradon, la concurrence qui s'établit durant quelques jours entre les deux *Phèdres :* tous ces détails ont été lus mille fois, et sont présents à la mémoire de tous les amis des lettres.

Nous n'essaierons pas non plus de présenter ici une analyse et un jugement de chacun des ouvrages de Racine. Outre qu'un semblable travail dépasserait en étendue les bornes de ce livre, cette tâche appartient plutôt aux éditeurs et aux commentateurs de ses œuvres qu'à l'historien de sa vie, et d'ailleurs nous ne pourrions nous y engager sans nous exposer à des redites sur des beautés depuis longtemps admirées et tant de fois appréciées. Nous allons seulement, dans le chapitre suivant, considérer d'un point de vue général le génie de Racine, et marquer, s'il se peut, les caractères dominants de son théâtre, en recherchant quel but il se proposa, à quelles règles il s'assujettit, et quels procédés de composition et de style il employa.

l'histoire, ils vont si directement au but de la scène, il était si impossible qu'ils ne s'y trouvassent pas, qu'il serait superflu de supposer au poëte d'autres visées que des intentions purement dramatiques, quand même il ne serait pas ridicule et odieux d'imaginer qu'il ait songé le moins du monde à Louis XIV en parlant de Néron.

CHAPITRE IV

Coup d'œil général sur le théâtre de Racine. — Différence entre
   Corneille et Racine. — Jugement de Mme de Sévigné sur ces
   deux poëtes. — Quels étaient les partisans et les adversaires de
   Racine quand il fit paraître ses premiers ouvrages. — Encouragements que lui donne Louis XIV. — Racine est nommé
   membre de l'Académie française.

De même que Corneille, Racine se propose la
peinture du cœur humain considéré d'une manière
abstraite; c'est-à-dire qu'il a pour but de peindre la
passion prise en elle-même, isolée du mouvement de
la vie réelle, ou du moins séparée de toutes les circonstances, de tous les accidents et de tous les objets
extérieurs qui ne sont pas absolument indispensables
pour la faire naître et pour l'entretenir. Il ne cherche
point à présenter sur la scène un tableau complet de
la vie humaine : l'homme, pour lui, est tout entier
dans les mouvements de la passion ; la tragédie, pour
lui, est une analyse du cœur humain présentée sous
la forme d'une action très-simple. Par conséquent,
il ne cherche pas non plus à faire revivre sur le théâtre
une époque historique avec la plupart de ses événements intéressants, avec tous les traits de sa physio-

nomie particulière. Quelques faits donnés par l'histoire
ou par la mythologie, quelques événements fictifs
ajoutés à ces faits, lui servent à composer le cadre où
il place ses quelques personnages. Il s'attache beaucoup moins à mettre sur la scène des hommes qu'à y
peindre l'homme ; et encore l'homme pour lui n'est-il
pas un foyer de passions nombreuses et diverses, se
succédant, se mêlant, ou se livrant entre elles de
bizarres luttes. L'homme, tel qu'il le représente, est
lui-même très-simplifié. Chacun de ses personnages
n'agit et ne se révèle que par un nombre limité de
passions, parmi lesquelles il s'en trouve une plus
agissante, plus développée que les autres et destinée
à attirer de préférence les regards.

Mais à ce travail d'abstraction, dont on vient d'essayer de donner l'idée, le poëte en ajoute un autre
dont il importe également de se rendre compte. Il
vient de placer ses personnages dans une action simple
et dégagée de la plupart des incidents qui s'accumu-
lent dans le tumulte de la vie réelle ; il les a encadrés
dans une scène non moins simple, qui ne présente
aux yeux qu'un petit nombre d'objets et n'emprunte
nullement à la vie réelle cette variété de spectacles
dont elle est chargée. En même temps il a eu soin de
faire ses personnages moins complexes qu'ils ne le sont
dans la réalité : il a réduit chacun d'eux à certains traits
choisis, qui se subordonnent tous à un trait principal.

Maintenant, pour que la transformation qu'il juge nécessaire soit complète sùr ces personnages ainsi réduits à un petit nombre d'éléments essentiels, il répand un caractère de grandeur, de noblesse et d'élégance, que l'imagination lui a fait concevoir, dont la réalité n'aurait pu lui fournir le modèle. A ces passions distinctes, peu nombreuses et groupées autour d'une passion principale, qui composent chacun de ses caractères, il prête un langage élevé, pompeux, délicat, qui réunit à la beauté idéale le charme de la plus parfaite harmonie. S'agit-il de penchants criminels, de passions mauvaises, il adoucit par un art ingénieux l'horreur des excès qu'il est obligé de retracer; il tempère la laideur du mal par l'énergie savante et chaste de la peinture.

Non-seulement il se plaît à parer la nature humaine de dehors majestueux, imposants ou aimables; il prend soin de mettre dans les mouvements des passions plus de suite et de conséquence qu'elles n'en montrent effectivement, et en quelque sorte une logique plus visible. Il affirme les incohérences et les contradictions les plus vives de leurs crises et de leurs transports, ou, plutôt, il les fait plus conséquentes dans leurs inconséquences, plus rationnelles dans leurs désordres. En un mot, il embellit la nature humaine, après l'avoir simplifiée.

L'étude des passions, ainsi entendue, était le vrai

but du poëte ; il n'a pas besoin de donner à l'action
dramatique une longue durée, ni de la transporter
successivement dans différents lieux. En effet, il réduit
à peu de choses tout ce qui est extérieur à l'homme ;
il le partage, pour ne le considérer que sous quelques
faces essentielles. Il peut donc aisément se dispenser
d'étendre son action dans le temps et dans l'espace ;
et l'on doit s'attendre qu'il se soumettra sans hésiter à
certaines règles que les érudits disent avoir trouvées
dans Aristote, et qui y sont réellement, mais non, à
la vérité, en toutes lettres. Il accepte sans restriction
les règles qui prescrivent l'unité de temps et de lieu,
et y conforme exactement tous ses ouvrages. Il ne se
fait aucune violence pour les suivre. Il ne cède pas non
plus à un respect aveugle et fanatique pour l'autorité
d'Aristote. S'il reconnaît ses lois sévères, et s'y assujettit avec une docilité parfaite, c'est qu'elles se trouvent d'accord avec ses propres vues ; c'est la nature
même du travail qu'il a entrepris qui le dispose à
leur obéir.

Tels sont, si cette analyse est exacte, les principes
et les procédés essentiels dont se compose ce qu'on
pourrait appeler le système dramatique de Racine.
Mais, à l'auteur dramatique engagé dans cette voie,
s'offre une grave difficulté, un péril immense.

Il est à craindre que cette scène dont le mouvement
et l'aspect sont si simples ne paraisse vide. Il est à

2*

craindre que ces personnages, créés par une décomposition réfléchie de la réalité, ne paraissent immobiles et sans vie. Il est à craindre que cette noblesse et cette élégance dont le poëte les a revêtus ne paraissent un emphatique mensonge, une vaine décoration jetée sur des abstractions mortes, sur des fantômes insensibles. Ainsi, au bout de cette interprétation hardie de la nature humaine, il se rencontre un formidable écueil. Tandis que, pour représenter l'homme plus dignement et avec une vérité plus profonde, le poëte le mutile et l'embellit, il risque de tarir en lui les sources de la vie, et d'affaiblir d'une parure mensongère un automate glacé.

C'est là ce qui rend, dans le genre de la tragédie classique, le succès si difficile et si rare; et c'est là que triomphent le génie et l'art de Racine. Dans l'analyse qu'on vient de faire des caractères généraux de son théâtre, a-t-on rien avancé qui ne puisse s'appliquer à Andromaque, à Néron, à Roxane, à Phèdre, à Joad, à tous ses personnages principaux et secondaires? Des gens attentifs voient aisément tout ce que ces créatures du poëte ont de plus et de moins que l'homme réel. Certes, la simplicité de leur nature, l'élégance surhumaine de leurs proportions, et la nudité du fond sur lequel elles se détachent, sont des choses frappantes pour tous. Andromaque, Agrippine, Roxane, ne nous représentent ni ce que nous voyons

autour de nous, ni ce que l'histoire nous retrace. Ce
sont bien là des êtres factices, des images infidèles, har-
diment inexactes, de ce que nous sommes. Mais toutefois, quels intimes rapports s'établissent entre eux et
nous, dès qu'ils ont commencé à se développer sous
nos yeux ! Quelle puissante sympathie concentre sur
eux toutes les forces de notre âme ! de quelle vérité
vivante ils nous paraissent doués, et comme nous nous
reconnaissons nous-mêmes dans tous leurs traits !
Comme ces abstractions se meuvent et respirent ! Les
mensonges du poëte sont oubliés, ou plutôt ignorés :
on voit, on entend des hommes ; et en même temps
que la raison s'élève par la contemplation des traits
généraux de la passion, en même temps que l'amour
de l'idéal se satisfait par la peinture embellie de la
vertu et du vice, la sensibilité s'émeut comme au
spectacle d'une action réelle ; de telle sorte qu'il n'est
aucune de nos impressions qui ne soit à la fois in-
structive et animée, forte et pure, élevée et saisissante.

A l'appui de ces réflexions, nous croyons utile de
citer quelques paroles d'un éloquent avertissement
qu'un penseur profond et spirituel adressait, dans le
temps de la fameuse querelle des *classiques* et des
romantiques, aux partisans alors passionnés de cette
dernière école, qui reniait Racine, comme trop idéal
et trop froid, pour passer tout entière à Shakespeare :

« Si notre scène est étroite, si elle a manqué jus-

qu'ici à la fidélité de l'histoire, des mœurs et des
coutumes; si, renfermée dans l'enceinte des palais,
les passions ont perdu de ce qu'elles ont d'énergique,
de naïf et de populaire sur les places publiques, au milieu des plus grands intérêts; si le spectacle de la nature et le contraste passionné de ses beautés et des désordres de l'âme viennent trop rarement nous émou-
voir, il ne faut pas oublier que, seuls entre tous les
peuples, nous nous sommes élevés à une étude abstraite de la passion qui ravit les esprits délicats et forts
à des émotions tout aussi poétiques que celles des
théâtres étrangers. Shakespeare, Schiller et Goethe
touchent autrement que Racine, mais non plus profondément que lui. Il y a besoin de réfléchir pour re-
trouver en soi toutes les émotions que ses pièces font
ressentir. Mais cette réflexion, il la rend naturelle,
facile à la foule même. Pour s'en convaincre, il suffit
d'examiner un parterre français sous le charme de la
représentation. Il n'est pas froid, comme on le dit;
seulement il est recueilli, parce que Racine commande
le recueillement; et quand viennent les explosions à
la suite de longs et admirables développements, on
peut voir si elles ont perdu à la patience de la réflexion, et si des épanchements non moins vifs de
poésie ne s'échappent pas de toutes les âmes (1). »

---

(1) Article sur une reprise de *Phèdre*, par Mlle Duchesnois, inséré
dans le *Globe* du 23 octobre 1827, et signé P. Dubois.

Les remarques générales qui viennent d'être présentées sur le théâtre de Racine pourraient être appliquées, dans ce qu'elles ont de fondamental, à celui de Corneille. Du reste, si les grands principes sont communs aux deux poëtes, on remarque entre eux de notables différences dans l'application qu'ils en ont faite. Il serait trop long de les indiquer toutes; nous ne ferons qu'en rappeler deux qui nous paraissent capitales.

Le génie de Corneille tendait au grand. Il était tourmenté du besoin d'élever et d'exalter les âmes par des émotions sublimes. Ce besoin chez lui était si vif, qu'il craignait de montrer sur le théâtre des hommes faibles. Il voulait que le sentiment de l'admiration dominât tous les autres dans l'âme du spectateur. Pour que la source de l'admiration ne tarît pas, il fit de presque tous ses personnages des héros de volonté. Bienfaiteurs ou tyrans de leurs semblables, ses personnages d'ordinaire ne cèdent point à l'empire des passions : ils les domptent, ou s'entendent et concertent librement avec elles. Cette théorie dramatique est grande; mais elle exclut le pathétique de la scène; mais, trop constamment ou trop témérairement appliquée, elle peut affaiblir l'intérêt, en laissant trop prévoir le jeu et le dénoûment de l'action, ou en ôtant aux personnages les plus infaillibles moyens de s'attirer la sympathie du spectateur.

Racine le comprit, et, tout en restant dans une sphère idéale, il mit sur la scène des personnages plus vrais et plus intéressants, en les faisant plus accessibles aux entraînements de la passion, en leur donnant, comme il le dit lui-même dans sa préface d'*Andromaque*, « une bonté médiocre, c'est-à-dire une vertu capable de faiblesse. » C'est une des principales différences par lesquelles il se sépare de Corneille ; c'est un des plus utiles perfectionnements qu'il apporta dans l'art dramatique. On a dit qu'il avait puisé dans Aristote l'idée de cet heureux changement. Il serait plus juste de dire qu'il s'était rencontré là-dessus avec la poétique du philosophe grec, et qu'il n'avait pas dédaigné d'invoquer, à l'appui de sa réforme, l'autorité d'un grand nom.

Une autre différence non moins importante doit être signalée ici. En un sens, la tragédie de Racine est moins idéale que celle de Corneille, puisque, comme on vient de le voir, Racine a montré l'homme moins armé de volonté et d'héroïsme, et par conséquent réduit les caractères tragiques à des proportions plus humaines. Mais, dans un autre sens, Racine est plus idéal que Corneille. En effet, chez lui, le langage de la passion, toujours simple et naturel, est plus constamment noble, élevé, délicat. Corneille jetait souvent au milieu d'éloquents dialogues des traits de familiarité prosaïque et bourgeoise; il tombait même

parfois du sublime au trivial, et d'ordinaire l'intérêt
dramatique ne gagne rien chez lui à ce mélange de
tons, qui peut produire d'heureux effets dans le dráme,
mais qui répugne au génie de la tragédie classique.
Ce qui donne aussi à Racine un caractère plus marqué d'idéal, c'est qu'il sait mieux que Corneille, en
peignant les contradictions et l'inconséquence de
l'homme, adoucir les transitions brusques, les oppositions heurtées, et faire comprendre au spectateur
la logique des mouvements les moins logiques de la
passion (1).

Malgré l'enthousiasme qui accueillit les pièces de
Racine à leur apparition sur la scène, le poëte eut à
lutter contre le fanatisme des adorateurs de Corneille,
qui composaient alors une partie notable de la cour
et de la ville. Pour eux Corneille, quoique vieilli,
n'en était pas moins encore l'objet unique de l'admiration et de l'enthousiasme : c'était un crime de
penser que jamais personne pût s'élever à sa hauteur.
Voici comment s'exprimait Mme de Sévigné dans une
lettre à sa fille : « Je suis folle de Corneille !..... Il
« y a pourtant (dans les pièces de Racine) des choses
« agréables, mais rien de parfaitement beau, rien qui
« enlève, point de ces tirades de Corneille qui font
« frissonner. Ma fille, gardez-vous bien de lui com-

(1) M. Ph. Le Bas, membre de l'Institut, *Notice sur Racine*, Diction-
naire encyclopédique de la France, t. XI, p. 826.

« parer Racine ; sentons-en toujours la différence :
« les pièces de ce dernier ont des endroits froids et
« faibles, et jamais il n'ira plus loin qu'*Andromaque*.
« Vive donc notre vieil ami Corneille ! Pardonnons-
« lui de méchants vers en faveur des divines et su-
« blimes beautés qui nous transportent. Ce sont des
« traits de maître qui sont inimitables.... Aussi croyez
« que jamais rien n'approchera, je ne dis pas surpas-
« sera, je dis que rien n'approchera des divins en-
« droits de Corneille. » Et dans les sociétés, le suffrage
de la mère et de la fille était du plus grand poids.

L'auteur de *Cinna* avait monté les têtes au sublime :
il avait exalté les esprits par des sentiments et des
vertus extraordinaires. Cette grandeur de Corneille
avait tellement rempli les âmes, qu'il y restait peu
de place pour la délicatesse, la grâce et le pathétique de Racine. Lorsque l'auteur d'*Andromaque* se
rapprocha de la nature et de la vérité, il parut humilier ses auditeurs : il les fit rougir, en quelque
sorte, en leur apprenant qu'ils étaient hommes ;
Corneille, en les élevant au-dessus d'eux-mêmes, en
avait presque fait des dieux. De là cette superstition
enracinée, cette vieille habitude d'adorer le vieux
Corneille : on respectait jusqu'à ses solécismes, jusqu'à ses barbarismes, comme autant de preuves de
son mépris pour les mots et de l'indépendance de ses
idées. Avec des prodiges de style, de sensibilité,

d'éloquence, l'élégant et harmonieux Racine n'obtenait pas même l'honneur d'être comparé à celui qu'on respectait comme le dieu de la tragédie.

Les enthousiastes du père de notre théâtre étaient des hommes de la vieille cour, les chefs de la Fronde, les chevaliers de cette ancienne galanterie respectueuse, noble, héroïque : c'étaient des femmes plus ambitieuses que tendres, plus vaines que sensibles, entêtées de l'honneur et des prérogatives de leur sexe, romanesques dans leurs passions comme dans leurs intrigues, accoutumées à mêler la politique à la galanterie, toujours dominées par de grandes vues de gloire et de fortune, et ne cédant jamais aux faiblesses du cœur. De pareils spectateurs regardaient la tragédie comme dégradée par la tendresse et la douceur de Racine; ils croyaient devoir s'élever contre un poëte qui ne prêtait jamais à ses personnages que des sentiments naturels et des passions vraies, et qui conservait toujours à ses héroïnes le caractère de leur sexe. Une ligue formidable de vieux courtisans et de précieuses surannées prétendait étouffer dans sa naissance ce chef-d'œuvre qui faisait descendre la tragédie du ciel sur la terre; mais de même que Corneille fut soutenu par le public contre les persécutions du cardinal de Richelieu, de même Racine eut pour appui, contre les préventions de la vieille cour, tous les jeunes seigneurs, toutes les jeunes femmes qui entraient alors dans le monde, et de plus un ministre éclairé et un jeune monarque ami des arts et des lettres.

Louis XIV ne se bornait pas à une approbation stérile des œuvres de Racine; il lui donnait souvent des témoignages plus substantiels de son admiration, soit par de nouvelles gratifications, soit en augmentant la pension qu'il touchait déjà comme homme de lettres. Ainsi nous voyons qu'en 1669 il reçut une somme de douze cents livres sur un ordre particulier de Colbert, adressé à Charles le Bègue, trésorier général, lui enjoignant « de payer sur les fonds des-« tinés par S. M. pour les pensions et gratifications « des gens de lettres, tant français qu'étrangers, « la somme de douze cents livres comptant au sieur « Racine, somme que nous lui avons ordonnée pour « la pension et gratification que S. M. lui a accordée « en considération *de son application aux belles-lettres* « *et des pièces de théâtre qu'il donne au public...* etc. »

En 1673, Racine reçut une des distinctions les plus flatteuses dont puisse s'honorer un homme de lettres français. Il fut nommé membre de l'Académie française, et sa réception eut lieu le même jour que celle de Fléchier. « Le remercîment de mon père, dit Louis Racine, fut fort simple et fort court, et il le prononça d'une voix si basse, que M. Colbert, qui était venu pour l'entendre, n'en entendit rien, et que ses voisins mêmes en entendirent à peine quelques mots. Il n'a jamais paru dans les recueils de l'Académie, et ne s'est point trouvé dans ses papiers après sa mort. L'auteur apparemment n'en fut pas content, quoique, suivant des personnes éclairées, il fût né autant orateur que poëte. »

Fléchier, qui se fit parfaitement entendre, fut très-applaudi, et eut tous les honneurs de la journée. « Racine, qui en cette occasion, dit d'Alembert, s'éclipsa devant le prédicateur, se dédommagea, quelques années après, du peu de succès qu'il avait eu à sa réception. Il fut chargé de recevoir Thomas Corneille à la place de son illustre frère. L'auteur de *Phèdre*, alors plus aguerri en présence du public, parut en ce moment tout ce qu'il était. Le discours qu'il fit est un des plus beaux qui aient été prononcés dans l'Académie. On le lit encore tous les jours, et on ne lit plus celui de Fléchier (1). » Nous aurons occasion d'en reparler plus tard.

1) *Éloge de Fléchier*, note v.

CHAPITRE V

Excessive sensibilité de Racine. — Lettre de sa tante Agnès de Sainte-Thècle. — Lettre de Racine contre les Pères de Port-Royal. — Dispositions de Racine à la satire. — Motifs qui le détournèrent de ce penchant. — Ses principes religieux le déterminent à renoncer au théâtre. — Réfutation des assertions des prétendus philosophes sur les motifs de sa conversion. — Détails à ce sujet. — Lettres à son fils et à Boileau. — Conclusion.

Observons que, dans le cours de ses travaux dramatiques, Racine éprouva quelquefois des injustices cruelles, jamais de chutes éclatantes : ses oreilles ne furent jamais blessées du bruit des huées et des sifflets. Il n'en fut guère plus heureux ; son excessive sensibilité faisait pour lui des supplices des moindres plaisanteries, des plus légères objections ; ni les applaudissements de ses amis, ni les encouragements du roi et de la cour ne pouvaient le dédommager de ces contrariétés. Il disait à son fils, pour le détourner de la poésie et du théâtre : « Ah ! si vous saviez « ce que les plus mauvaises critiques m'ont fait souf- « frir ! »

Cette irritabilité du jeune poëte éclata de la manière la plus vive contre ceux mêmes qu'il aurait dû le plus respecter, contre ses instituteurs et ses maîtres de Port-Royal. Il n'ignorait pas quelle indignation avaient excitée contre lui, dans cette sainte maison, ses premiers pas dans la carrière du théâtre; sa tante, Agnès de Sainte-Thècle, lui avait adressé une de ces lettres terribles qu'il appelait des *excommunications,* du moment qu'elle avait appris que son cher neveu s'était donné aux histrions et aux baladins excommuniés par l'Église. Nous mettons ici sous les yeux du lecteur cette lettre vraiment curieuse :

GLOIRE A JÉSUS-CHRIST
ET AU TRÈS-SAINT SACREMENT.

« Ayant appris que vous aviez dessein de faire ici
« un voyage, j'avais demandé permission à notre
« mère de vous voir, parce que quelques personnes
« nous avaient assuré que vous étiez dans la pensée
« de songer sérieusement à vous, et j'aurais été bien
« aise de l'apprendre par vous-même, afin de vous
« témoigner la joie que j'aurais s'il plaisait à Dieu de
« vous toucher; mais j'ai appris depuis peu de jours
« une nouvelle qui m'a touchée sensiblement. Je
« vous écris dans l'amertume de mon cœur, et en
« versant des larmes que je voudrais répandre en
« assez grande abondance devant Dieu pour obtenir
« de lui votre salut, qui est la chose du monde que
« je souhaite avec le plus d'ardeur. J'ai donc appris

« avec douleur que vous fréquentiez plus que jamais
« des gens dont le nom est abominable à toutes les
« personnes qui ont tant soit peu de piété, et avec
« raison, puisqu'on leur interdit l'entrée de l'église
« et la communauté des fidèles, même à la mort, à
« moins qu'ils ne se reconnaissent. Jugez donc, mon
« cher neveu, dans quel état je puis être, puisque
« vous n'ignorez pas la tendresse que j'ai toujours
« eue pour vous, et que je n'ai jamais rien désiré
« sinon que vous fussiez tout à Dieu dans quelque
« emploi honnête. Je vous conjure donc, mon cher
« neveu, d'avoir pitié de votre âme, et de rentrer
« dans votre cœur pour y considérer sérieusement
« dans quel abîme vous vous êtes jeté. Je souhaite
« que ce qu'on m'a dit ne soit pas vrai ; mais si vous
« êtes assez malheureux pour n'avoir pas rompu un
« commerce qui vous déshonore devant Dieu et de-
« vant les hommes, vous ne devez pas penser à nous
« venir voir; car vous savez bien que je ne pourrais
« pas vous parler, vous sachant dans un état si dé-
« plorable et si contraire au christianisme. Cepen-
« dant je ne cesserai point de prier Dieu qu'il vous
« fasse miséricorde, et à moi en vous la faisant,
« puisque votre salut m'est si cher. »

Racine bravait en secret ces *excommunications* sans
oser s'en plaindre. Mais en 1666, lorsque Nicole,

pour réfuter Desmarets, enveloppa les poëtes de théâtre et les romanciers dans une proscription générale; lorsqu'il les dénonça comme des *empoisonneurs publics*, Racine, qui avait souffert patiemment qu'on le damnât comme poëte à Port-Royal, ne put supporter qu'un écrivain de Port-Royal diffamât le corps des poëtes. Il était alors dans la première ivresse de son talent et de ses succès : il venait de donner *Alexandre*, et préparait *Andromaque*. Ces titres lui parurent suffisants pour se déclarer le chevalier de toute la nation poétique. Quittant alors un moment les traces d'Euripide, il prit la plume de Pascal, et traita les pères de Port-Royal comme l'auteur des *Provinciales* avait traité les pères jésuites. Provoqué par deux réponses très-vives de Dubois et de Barbier-d'Aucourt, Racine allait répliquer par la publication d'une seconde lettre plus piquante encore que la première. Les conseils de Boileau, ou plutôt son bon naturel et le regret d'avoir manqué aux instituteurs de sa jeunesse, le décidèrent à ne point l'imprimer : il retira même tous les exemplaires de la première qu'il put trouver. On est étonné de rencontrer dans un écrivain aussi tendre, aussi sensible que Racine, des dispositions si remarquables pour la satire; mais hâtons-nous de dire que la bonté de son cœur et surtout ses principes religieux le guérirent peu à peu de ce funeste penchant.

Nous venons de parler des principes religieux de Racine; ces principes dans lesquels il avait été nourri, et que la fougue de la jeunesse, jointe à l'enthousiasme poétique, n'avait pu étouffer, se ranimèrent tout à coup dans son âme, le déterminèrent à renoncer au théâtre et à embrasser un genre de vie plus conforme à la morale de l'Évangile. Racine était une de ces âmes passionnées dont l'enthousiasme et la délicatesse font le supplice. De telles âmes se précipitent avec plus d'ardeur que d'autres vers tout ce que la vie semble promettre à l'homme; elles demandent à la vie plus qu'elle ne peut donner, et quand elles arrivent à la lie que contient le fond du vase, ce qui pour elles ne tarde jamais, elles en sentent plus vivement que d'autres l'amertume. Racine aimait la gloire avec une ardeur qui lui rendait extrêmement sensibles les outrages que la médiocrité et l'envie prodiguent au génie. Jeune encore, en possession d'une renommée que les plus jaloux allaient bientôt cesser de lui disputer, brillant de génie et de gloire, il tomba dans une profonde tristesse. Mécontent des autres, il l'était aussi de lui-même. Il se jugeait avec une conscience sévère, avec un amour du bien aussi vif et aussi délicat que l'était son amour du beau : le témoignage qu'il se rendait à lui-même ne le satisfaisait pas, et n'apaisait point ce besoin passionné de perfection morale que la nature et l'édu-

cation avaient mis en lui, et qui s'augmentait encore
à mesure qu'il approchait de l'âge mur. Au milieu
des agitations et des enchantements dont la poésie et
l'amour de la gloire remplissaient ses jours, il aspi-
rait à un idéal de vertu, de repos, d'ordre et de
désintéressement dont sa belle âme était éprise. Il se
dégoûta de cette fumée des applaudissements dont il
s'était jusque-là enivré : il sentit qu'il avait à remplir
une mission plus noble et plus honnête que celle d'exciter dans les cœurs des passions souvent funestes. Il
vint un instant où ses scrupules et ses inquiétudes se
changèrent en remords. La vie qu'il menait lui devint
odieuse ; il résolut d'en sortir, et sans hésiter, sans
remettre au lendemain, il accomplit avec fermeté
cette résolution.

Plusieurs écrivains, et notamment les prétendus
philosophes du dernier siècle, ont cherché à inter-
préter différemment la cause qui éloigna Racine du
théâtre. Geoffroy réfute victorieusement, à notre avis,
leurs assertions, et nous ne saurions mieux faire que
de mettre sous les yeux de nos lecteurs un extrait de
ce qu'il dit à ce sujet :

« C'est ici le lieu d'approfondir les motifs de la
conversion de Racine, que les philosophes ont déna-
turés par l'impossibilité où ils étaient de les concevoir. Des hommes ivres de vanité et d'ambition, fana-
tiques du théâtre, persuadés qu'il n'y a rien de plus

important et de plus admirable que le monde des comédiens, et que le bonheur suprême consiste dans les applaudissements populaires, pouvaient-ils se figurer que Racine, dans toute la force de l'âge et du talent, fût capable de renoncer à la poésie, à la gloire, de fouler aux pieds ses couronnes, pour se consacrer tout entier à la pratique des vertus chrétiennes? C'est un miracle au-dessus de l'intelligence de ceux pour qui la vertu et la religion ne sont que des chimères inventées pour tromper les sots. Ils ont donc cherché une explication à cette conduite si étrange de Racine, et ils l'ont trouvée dans les passions, qui sont leur unique morale : à les entendre, c'est l'orgueil, c'est le dépit, c'est la colère qui ont arrêté l'auteur de *Phèdre* dans sa brillante carrière; il a voulu punir l'injustice de son siècle; il s'est retiré du théâtre comme Achille du camp des Grecs, pour se venger de l'affront fait à son chef-d'œuvre...

« ... La raison, d'accord avec les faits, ne permet pas de douter que Racine n'ait quitté le théâtre pour se livrer à des soins qui lui paraissaient plus dignes d'un chrétien. Sans doute il avait été vivement touché, plus vivement peut-être qu'en toute autre occasion, des persécutions dont sa *Phèdre* avait été l'objet de la part de ses ennemis; mais il avait triomphé de la cabale qui avait voulu écraser ce chef-d'œuvre.

Le duc de Nevers et Mme Deshoulières n'avaient fait que relever l'éclat de sa gloire. Le public lui avait immolé ce même Pradon, dont on avait essayé de faire son rival et qui ne fut que sa victime. Depuis quand un général est-il dégoûté du métier de la guerre, parce que dans une bataille il a éprouvé des obstacles qui ont retardé de quelques instants sa victoire? Le succès de sa *Phèdre,* qui avait mis à ses pieds tous ses ennemis, ne devait-il pas plutôt l'animer à tenter de nouvelles conquêtes? Et n'est-ce pas méconnaître absolument le cœur humain et le caractère des poëtes, que de supposer qu'un homme tel que Racine ait pu être abattu et découragé par les efforts de l'envie, qu'il venait d'humilier et de terrasser? N'est-ce pas condamner hautement ces beaux vers de Boileau :

> Le mérite en repos s'endort dans la paresse ;
> Mais par les envieux un génie excité
> Au comble de son art est mille fois monté.
> Plus on veut l'affaiblir, plus il croît et s'élance.
> Au *Cid* persécuté *Cinna* doit sa naissance,
> Et peut-être ta plume aux censeurs de Pyrrhus
> Doit les plus nobles traits dont tu peignis Burrhus.

Quelle est donc cette logique qui nous donne pour un motif de découragement ce qui est le plus puissant aiguillon du génie?...

« Jamais, dans tout le reste de sa vie, l'auteur de

Phèdre n'a laissé échapper un regret vers le théâtre :
le dépit se calme, la colère s'apaise, les plaies d'un
cœur ulcéré se cicatrisent; alors le naturel revient.
Si Racine n'eût écouté qu'un mouvement d'orgueil et
de vengeance, il ne fût pas resté pendant vingt ans
ferme et inflexible dans son aversion pour tout ce qui
pouvait rappeler ses productions dramatiques; il n'eût
pas témoigné constamment la plus profonde indifférence pour les monuments de sa gloire; il n'eût pas
fait sucer à ses enfants, avec le lait, le mépris des romans et des pièces de théâtre. J'ouvre le recueil de ses
lettres, qui sont l'expression la plus naturelle de ses
vrais sentiments, la plus fidèle histoire de ses dernières années; je ne rencontre dans ces épanchements
d'un cœur sincère que des traces frappantes de son
éloignement pour le théâtre et pour tout ce qui pouvait y avoir rapport... A ses yeux, ce n'est que frivolité, bagatelle, niaiserie, je pourrais ajouter, et
un crime dont il faudra rendre compte à Dieu !

« Il me paraît par votre lettre, écrit-il à son fils
« aîné, que vous portez un peu d'envie à Mlle de la
« Chapelle (1) de ce qu'elle a lu plus de comédies et
« de romans que vous. Je vous dirai avec la sincérité
« avec laquelle je suis obligé de vous parler, que

(1) Anne de Besset de la Chapelle était fille de Henri de Besset, sieur
de la Chapelle Milon, inspecteur des beaux-arts, contrôleur des bâtiments du roi. Il avait épousé une nièce de Boileau.

« j'ai un extrême chagrin que vous fassiez tant de cas
« de toutes ces niaiseries, qui ne doivent servir tout
« au plus qu'à délasser quelquefois l'esprit, mais qui
« ne devraient point vous tenir autant à cœur qu'elles
« font. Vous êtes engagé dans des études très-sé-
« rieuses qui doivent attirer votre principale atten-
« tion, et pendant que vous y êtes engagé et que nous
« payons des maîtres pour vous en instruire, vous
« devez éviter tout ce qui peut dissiper votre esprit
« et vous détourner de votre étude. Non-seulement
« votre conscience et la religion vous y obligent,
« mais vous-même devez avoir assez de considé-
« ration pour moi, et assez d'égard, pour vous con-
« former un peu à mes sentiments pendant que vous
« êtes dans un âge où vous devez vous laisser con-
« duire.

« Je ne dis pas que vous ne lisiez quelquefois des
« choses qui puissent vous divertir l'esprit, et vous
« voyez que je vous ai mis moi-même entre les mains
« assez de livres français capables de vous amuser;
« mais je serais inconsolable si ces sortes de livres
« vous inspiraient du dégoût pour des lectures plus
« utiles, et surtout pour les livres de piété et de mo-
« rale, dont vous ne parlez jamais, et pour lesquels il
« semble que vous n'ayez plus aucun goût, quoique
« vous soyez témoin du véritable plaisir que j'y prends
« préférablement à toute autre chose. Croyez-moi

« quand vous saurez parler de comédies et de ro-
« mans, vous n'en serez guère plus avancé pour le
« monde, et ce ne sera point par cet endroit-là que
« vous serez le plus estimé.

« Je remets à vous en parler plus au long et plus
« particulièrement quand je vous reverrai, et vous
« me ferez plaisir alors de me parler à cœur ouvert
« là-dessus, et de ne vous point cacher de moi. Vous
« jugez bien que je ne cherche pas à vous chagriner,
« et que je n'ai autre dessein que de contribuer à vous
« rendre l'esprit solide, et à vous mettre en état de
« ne me point faire de déshonneur, quand vous
« viendrez à paraître dans le monde. Je vous assure
« qu'après mon salut, c'est la chose dont je suis le
« plus occupé. Ne regardez point tout ce que je vous
« dis comme une réprimande, mais comme les avis
« d'un père qui vous aime tendrement, et qui ne
« songe qu'à vous donner des marques de son amitié.
« Écrivez-moi le plus souvent que vous pourrez, et
« faites mes compliments à votre mère... »

On lit dans une autre lettre ces paroles mémo-
rables :

« Vous savez ce que je vous ai dit des opéras et des
« comédies qu'on dit que l'on doit jouer à Marly. Il
« est très-important pour vous et pour moi-même
« qu'on ne vous y voie point, d'autant plus que vous
« êtes présentement à Versailles pour y faire vos

« exercices, et non point pour assister à toutes ces
« sortes de divertissements. Le roi et toute la cour
« savent le scrupule que je me fais d'y aller, et ils
« auraient très-méchante opinion de vous si, à l'âge
« que vous avez, vous aviez si peu d'égard pour moi
« et pour mes sentiments. Je devais, avant toutes
« choses, vous recommander de songer toujours à
« votre salut, et de ne perdre point l'amour que je
« vous ai vu pour la religion. Le plus grand déplaisir
« qui puisse m'arriver au monde, c'est s'il me re-
« venait que vous êtes un indévot, et que Dieu vous
« est devenu indifférent. Je vous prie de recevoir cet
« avis avec la même amitié que je vous le donne. »

Dans une lettre à Boileau, il s'exprime ainsi au
sujet de son fils :

« Je prendrai en même temps la liberté de vous
« prier de tout mon cœur de l'exhorter à travailler
« sérieusement, et à se mettre en état de vivre en
« honnête homme. Je voudrais bien qu'il n'eût pas
« l'esprit autant dissipé qu'il l'a, par l'envie déme-
« surée qu'il témoigne de voir des opéras et des co-
« médies... »

« Ainsi Racine croyait que ce n'était pas même
vivre en honnête homme que de faire des vers, d'aller
à l'opéra et à la comédie... Je pourrais extraire ici des
lettres de Racine une foule de passages dans le même

sens (1) : ceux que je viens de citer suffisent pour ne laisser aucun doute sur ses vrais sentiments. Concluons que ce fut l'esprit religieux, une profonde et solide piété, et non pas l'orgueil, le dépit et la colère qui l'arrachèrent à des occupations qu'il n'a cessé de regarder, pendant tout le reste de sa vie, comme criminelles devant Dieu. Les philosophes pourront le traiter de bigot aveuglé par une vaine superstition : les gens sages penseront que Racine était conséquent. La vie de la plupart des hommes est en opposition continuelle avec leur religion. Racine avait l'esprit trop juste et trop solide, il était trop éclairé, trop instruit pour admettre dans sa conduite cette contradiction grossière. Quand la religion se ranima dans son âme, il sentit qu'il lui était impossible de concilier l'esprit de l'Évangile avec l'esprit de la comédie, et quand il voulut être chrétien, il cessa d'être poëte de théâtre (2). »

(1) On en trouvera encore plusieurs dans le *Recueil* des lettres à son fils que nous donnons à la fin de ce volume.

(2) GEOFFROY, *Vie de Jean Racine.*

CHAPITRE VI

Racine veut se faire chartreux. — Il est détourné de ce dessein
par son confesseur, qui l'engage à se marier. — Il épouse Catherine Romanet, fille d'un trésorier de France. — Modicité de
la fortune de Racine à l'époque de son mariage. — Bienfaits
qu'il reçut de la cour. — Bonté et simplicité du caractère de
sa femme. — Son désintéressement. — Anecdote à ce sujet. —
La religion fut le lien de l'union entre Racine et sa femme. —
Réconciliation de Racine avec ses anciens maîtres. — Souvenir
de ses fautes et comment il sut les réparer. — Premiers rapports de Racine et de Boileau avec la cour. — Quelle part ils
prirent à la création de l'Académie des inscriptions et belles-
lettres. — Motifs qui les fit nommer historiographes du roi. —
Racine prend au sérieux ses nouvelles fonctions. — Ses études
préparatoires à ce sujet. — Il accompagne le roi dans la plupart de ses campagnes. — Lettres de Racine à Boileau pendant
le siége de Mons.

Nous avons vu dans le chapitre précédent la seule,
la véritable raison qui détermina Racine à renoncer
au théâtre et même à la poésie, ou du moins à la poésie
profane. C'était au lendemain, pour ainsi dire, de son
triomphe de *Phèdre* si chèrement acheté. Il avait
trente-huit ans ; il venait de tracer le plan d'un
OEdipe, d'une *Iphigénie en Tauride*, d'une *Alceste*,
lorsque tout à coup il annonça à ses amis étonnés la
résolution qu'il avait prise. Il voulait même, dans le

premier mouvement de sa ferveur, aller ensevelir son talent et sa renommée dans la solitude d'une chartreuse, pour y expier les erreurs de sa jeunesse. Un saint prêtre de sa paroisse, docteur de Sorbonne, qu'il prit pour confesseur, le détourna de ce dessein imprudent. Ce sage directeur lui représenta qu'un caractère tel que le sien ne soutiendrait pas longtemps la solitude; qu'il ferait plus prudemment de rester dans le monde, et d'en éviter les dangers en se mariant avec une personne honnête et pieuse. Après une vive résistance, Racine suivit ce conseil, se promettant de joindre aux saintes pratiques par lesquelles il avait fait vœu d'expier sa vie passée, les vertus d'un bon père de famille.

Une fois la résolution prise de se marier, l'amour ni l'intérêt n'eurent aucune part à son choix : « Il ne consulta, dit son fils, que la raison pour une affaire si sérieuse; et l'envie de s'unir à une personne très-vertueuse que de sages amis lui proposèrent, lui fit épouser, le 1ᵉʳ juin 1677, Catherine de Romanet, fille d'un trésorier de France du bureau des finances d'Amiens (1); » et jamais union ne fut plus heureuse.

Ce grand poëte, à l'époque de son mariage, était loin d'être riche; il n'avait alors qu'un nom et des lauriers; c'était presque le seul fruit qu'il eût retiré

_____

(1) *Mémoires sur la vie de Jean Racine*, publiés par Louis Racine son fils.

de ses tragédies; et quand il se maria, son revenu le plus clair consistait en une pension de deux mille livres sur le trésor royal, chiffre auquel avait été élevée graduellement sa pension d'homme de lettres. Quant au produit qu'il avait retiré soit des représentations, soit de l'impression de ses tragédies, il ne lui avait procuré que le moyen de payer ses dettes, acheter quelques meubles, dont le plus considérable était une bibliothèque estimée quinze cents livres, et ménager une somme de six mille livres, qu'il employa aux frais de son mariage.

L'épouse de Racine ne lui apporta qu'une fortune très-médiocre; mais sa renommée avait acquis au poëte des protecteurs puissants, et la cour s'empressa de récompenser le pieux sacrifice qu'il faisait de sa gloire théâtrale à la religion et à la vertu : bientôt M. de Colbert le gratifia d'une charge de trésorier de France au bureau des finances de Moulins; il fut aussi pourvu d'une charge de gentilhomme ordinaire du roi, et enfin nommé, comme nous le verrons plus tard, historiographe avec un traitement de quatre mille livres. Les bienfaits dont Louis XIV l'honora en différentes occasions se montent à quarante-deux mille neuf cents livres. Il faut doubler toutes ces sommes, si l'on veut en avoir une idée juste, puisque la valeur du marc d'argent est aujourd'hui double de ce qu'elle était sous Louis XIV. Racine, dans sa plus grande prospérité, a donc pu jouir d'environ vingt à vingt-cinq mille francs de rente, de notre monnaie actuelle : fortune modique pour un homme qui avait une nombreuse famille (sept enfants), un état à soutenir dans le monde, et qui était obligé de faire des voyages continuels à la cour et à l'armée.

« Mais sa plus grande fortune, dit Racine le fils, fut le caractère de la personne qu'il avait épousée. Il trouva dans la tendresse conjugale un avantage bien plus solide que celui de faire de bons vers. Sa compagne sut, par son attachement à tous les devoirs de femme et de mère, et par son admirable piété, le captiver entièrement, faire la douceur du reste de sa vie, et lui tenir lieu de toutes les sociétés auxquelles il venait de renoncer. »

La femme de Racine avait beaucoup de simplicité dans le caractère : pleine de bon sens et de piété, occupée de ses devoirs, assidue dans son ménage, elle n'avait d'ailleurs aucune culture dans l'esprit, aucune notion de littérature ; unie au plus grand des poëtes, elle ne savait pas distinguer une rime masculine d'une rime féminine (1) ; elle n'alla jamais à la comédie, ne

---

(1) « L'un n'avait jamais eu de passion plus vive que celle de la poésie ; l'autre porta l'indifférence pour la poésie jusqu'à ignorer toute sa vie ce que c'était qu'un vers ; et m'ayant entendu parler, il y a quelques années, de rimes masculines et féminines, elle m'en demanda la différence ; à quoi je répondis qu'elle avait vécu avec un meilleur maître que moi. » (*Mémoires* de Louis Racine sur la vie de son père.)

connut pas même le titre des tragédies de son mari,
ne se forma point une idée de son talent, de sa célé-
brité dans le monde. Elle ignora toujours qu'elle
avait pour mari le premier des auteurs du siècle;
elle se contenta de savoir qu'il était le meilleur des
hommes.

Voilà la femme qu'il fallait à un homme pieux et
sensible, rassasié de gloire littéraire, affligé de l'usage
qu'il avait fait de son talent, et persuadé que la naïveté,
la bonne foi, la droiture de cœur, sont des qualités
plus aimables aux yeux des hommes, plus précieuses
devant Dieu que tous les dons de l'esprit et de l'imagination. Ce qui est peut-être plus étonnant, c'est
qu'une bonne ménagère telle que Catherine Romanet,
avait le désintéressement le plus parfait. Racine le fils
nous a conservé à ce sujet une curieuse anecdote :
« Mon père, dit-il, rapportait de Versailles la bourse
de mille louis dont j'ai parlé (dans l'énumération de
gratifications que son père avait reçues sur la cassette
du roi, et dont nous avons donné le total ci-dessus);
il trouva ma mère qui l'attendait dans la maison de
Boileau à Auteuil. Il courut à elle, et l'embrassant :
« Félicitez-moi, lui dit-il; voici une bourse de mille
« louis que le roi m'a donnée. » A peine daigna-t-
elle faire attention à une pareille somme, et ne songea
qu'à lui porter des plaintes contre un de ses enfants,
qui depuis deux jours ne voulait point étudier : « Nous

« en parlerons une autre fois, reprit Racine, aujour-
« d'hui livrons-nous à la joie. » Et comme elle insis-
tait pour que son mari grondât l'enfant paresseux,
Boileau, présent à cette scène, se promenait à grands
pas en silence. Impatienté à la fin d'une pareille contestation, il s'écria : « Quelle insensibilité ! peut-on ne
« pas songer à une bourse de mille louis ! »

« On peut comprendre, continue Louis Racine
après avoir cité ce trait du caractère de sa mère, qu'un
homme, quoique passionné pour les amusements de
l'esprit, préfère à une femme enchantée de ces mêmes
amusements, et éclairée sur ces matières, une compagne uniquement occupée du ménage, ne lisant de
livres que ses livres de piété, ayant d'ailleurs un jugement excellent, et étant d'un très-bon conseil en
toutes occasions. On avoue cependant que la religion
a dû être le lien d'une si parfaite union entre deux
caractères si opposés : la vivacité de l'un lui faisant
prendre tous les événements avec trop de sensibilité,
et la tranquillité de l'autre la faisant paraître presque
insensible aux mêmes événements. On pourrait faire
la même réflexion sur la liaison des deux fidèles amis
(Racine et Boileau). A la vérité, leur manière de
penser des ouvrages d'esprit étant la même, ils avaient
le plaisir de s'en entretenir souvent ; mais comme ils
avaient tous deux un différent caractère, leur union
constante a dû avoir pour lien la probité, puisque,

comme dit Cicéron : « Il ne peut y avoir de véritable amitié qu'entre les gens de bien. » *Hoc sentio nisi in bonis amicitiam esse non posse.*

Un des premiers soins de Racine après son mariage fut de se réconcilier avec les instituteurs de sa jeunesse, qu'il avait attaqués d'une manière inconvenante dans l'écrit dont nous avons parlé. Boileau fut chargé de cette négociation ; après avoir témoigné à M. Arnauld les regrets de Racine sur sa conduite passée, il lui demanda la permission de lui présenter le poëte converti. M. Arnauld y consentit sans peine , et le lendemain Racine, conduit par Boileau, entra chez Arnauld , avec la confusion et l'humilité peintes sur le visage ; et quoiqu'il y eût une société nombreuse, il se jeta aux pieds de son ancien maître ; celui-ci se jeta à son tour aux pieds de son disciple, et tous deux s'embrassèrent en frères, en amis, en chrétiens.

Le souvenir de sa faute pesait encore sur le cœur de Racine longtemps après. L'abbé Tallemant, s'étant avisé un jour de lui reprocher, en pleine Académie, l'ingratitude qu'il avait autrefois montrée envers ses anciens maîtres : « Oui, Monsieur, lui répondit Racine avec une noble humilité, vous avez raison ; c'est l'endroit le plus honteux de ma vie, et je donnerais tout mon sang pour l'effacer. » Ces faits suffiraient au besoin pour répondre aux biographes malveillants ou mal instruits (entre autres Luneau-Boisjermain), qui

ont accusé Racine d'avoir eu un amour-propre exces-
sif; au moins auraient-ils dû ajouter que la religion
le corrigea de ce défaut ainsi que de plusieurs autres.
Quand on parle des fautes ou des faiblesses d'un
homme comme Racine, il ne faut jamais négliger de
rappeler comment il a su les réparer.

Quoique Racine et Boileau n'eussent encore aucun
titre officiel qui les appelât à la cour, ils y étaient
toujours fort bien reçus tous les deux. Colbert les
aimait beaucoup, et Louvois les consultait souvent.
Ce fut à ces rapports fréquents que, par suite d'un
enchaînement d'idées et de circonstances que nous
allons raconter, on doit la création de l'Académie des
inscriptions et belles-lettres, et que Racine et Boileau
furent nommés historiographes du roi.

Lebrun avait peint la victoire de Louis XIV dans
la galerie de Versailles, et l'on avait jugé à propos
de mettre à ces tableaux des inscriptions analogues
aux sujets. Charpentier, de l'Académie française, en
avait composé plusieurs, dont l'enflure et l'emphase
parurent très-ridicules aux gens de goût. M. de
Louvois les fit effacer, par ordre du roi, pour en
substituer de plus simples fournies par Racine et Boileau. Racine avait surtout un esprit fin et délicat
propre à ces sortes d'ouvrages; et ce fut lui qui imagina pour l'orangerie de Versailles cette ingénieuse
devise : CONJURATOS RIDET AQUILONES (*elle brave les*

aquilons conjurés). On y découvrait une allusion très-heureuse à la ligue des puissances du nord de l'Europe qui se formait alors contre la France.

Mme de Montespan, ne trouvant pas que les tableaux de Lebrun, même avec leurs inscriptions, fussent suffisants pour étendre la connaissance des actions du roi, forma le projet de consacrer les principaux événements de son règne par des médailles, au bas desquelles on placerait un récit très-abrégé de l'événement. Pour exécuter ce plan d'une histoire en médailles, Racine conseilla de choisir quelques gens de lettres qui composeraient une espèce d'académie de médailles. Cette société, connue d'abord sous le nom de *la petite académie*, devint insensiblement plus nombreuse, et fut définitivement organisée sous le nom d'*Académie des inscriptions et belles-lettres*. Ainsi Racine partagea avec Mme de Montespan l'honneur d'avoir fondé cette compagnie savante, dont les travaux ont été si utiles à la littérature ancienne et à l'histoire. Voici maintenant comment la création de la petite académie amena la nomination de Racine et de Boileau au titre d'historiographes du roi.

On s'aperçut bientôt que les récits placés au-dessous de chaque médaille, étant nécessairement fort courts, ne pourraient apprendre les choses qu'imparfaitement, et qu'une histoire suivie du règne entier serait beaucoup plus utile. Ce projet fut agité et résolu chez

Mme de Montespan. C'était elle qui l'avait imaginé;
« et quoique la flatterie en fût l'objet, comme l'é-
« crivait depuis Mme la comtesse de Caylus, on con-
« viendra que ce projet n'était pas celui d'une femme
« ordinaire. » Lorsqu'on eut pris ce parti, Mme de
Maintenon, qui commençait déjà à exercer quelque
influence, proposa au roi de charger du soin d'écrire
cette histoire Racine et Boileau. Le roi, qui les en
jugea capables, les nomma officiellement ses historiographes, en 1677.

« Mon père, dit Louis Racine, toujours attentif à
son salut, regarda le choix de Sa Majesté comme une
grâce de Dieu qui lui procurait cette importante occupation pour le détacher entièrement de la poésie.
Boileau lui-même parut aussi s'en détacher. Il est
certain qu'il passa douze à treize ans sans donner
d'autres ouvrages en vers que les deux derniers
chants du *Lutrin*, parce qu'il voulait finir l'action
de ce poëme.

Les deux poëtes, résolus à ne plus l'être, comme
dit Racine le fils, prirent au sérieux leurs nouvelles
fonctions, et ne songèrent plus qu'à devenir historiens; et, pour s'en rendre capables, ils passèrent
d'abord beaucoup de temps à se mettre au fait et de
l'histoire générale de France, et de l'histoire particulière du règne qu'ils avaient à écrire. Racine, pour
se mettre ses devoirs devant les yeux, fit une espèce

d'extrait du *Traité de Lucien* sur la manière d'écrire l'histoire. Il remarqua dans cet excellent ouvrage les traits qui avaient quelque rapport à la circonstance dans laquelle il se trouvait, et il les rassembla dans un écrit trouvé dans ses papiers et publié dans la plupart des éditions de ses œuvres complètes. Il fit ensuite des extraits de Mézerai et de Vittorio Siré, et se mit à lire les mémoires, lettres, instructions et autres pièces de cette nature dont le roi avait ordonné qu'on lui donnât la communication.

Mais il ne suffisait pas, pour écrire l'histoire contemporaine, de s'en rapporter à des lettres, à des mémoires et à des récits étrangers ; les historiens voulurent être eux-mêmes témoins des événements qu'ils étaient chargés de raconter. Aussi, à partir de 1678, Racine fit toutes les campagnes de Louis XIV, et assista à la plupart des siéges et des batailles dont il aurait à faire la description. La mauvaise santé de Boileau ne lui permit pas toujours d'accompagner son collègue ; dans ces cas-là, Racine avait soin de lui rendre compte de tout ce qui se passait à l'armée. On pourra en juger par cet extrait d'une lettre qu'il lui écrivait pendant le siége de Mons, le 3 avril 1691.

« On nous avait trop tôt mandé la prise de l'ou-
« vrage à cornes ; il ne fut attaqué pour la première
« fois qu'avant-hier : encore fut-il abandonné par
« les grenadiers du régiment des gardes, qui s'épou-

« vantèrent mal à propos, et que leurs officiers ne
« purent retenir... Le lendemain, sur les neuf heures
« du matin, on recommença une autre attaque avec
« beaucoup plus de précaution que la précédente. On
« choisit pour cela huit compagnies de grenadiers,
« tant du régiment du roi que d'autres régiments.
« On commanda aussi cent cinquante mousquetaires
« des deux compagnies, pour soutenir les grenadiers.
« L'attaque se fit avec une vigueur extraordinaire, et
« dura trois bons quarts d'heure ; car les ennemis se
« défendirent en fort braves gens ; et quelques-uns
« d'entre eux se colletèrent même avec quelques-uns
« de nos officiers. Mais comment auraient-ils pu faire ?
« Pendant qu'ils étaient aux mains, tout notre canon
« tirait sans discontinuer sur les deux demi-lunes
« qui devaient les couvrir, et d'où, malgré cette
« tempête de canon, on ne laissa pas de faire un feu
« épouvantable. Nos bombes tombaient aussi à tous
« moments sur ces demi-lunes, et semblaient les
« renverser sens dessus dessous. Enfin nos gens de-
« meurèrent les maîtres, et s'établirent de manière
« qu'on n'a pas même osé depuis les inquiéter. Nous
« y avons bien perdu deux cents hommes, entre
« autres huit ou dix mousquetaires... Les grenadiers,
« à ce que dit M. de Maupertuis lui-même, ont été
« aussi braves que les mousquetaires... J'ai retenu
« cinq ou six actions ou paroles de simples gre-

« nadiers dignes d'avoir place dans l'histoire, et je
« vous les dirai quand nous nous reverrons...

« Je voyais toute l'attaque fort à mon aise, d'un
« peu loin à la vérité ; mais j'avais de fort bonnes
« lunettes, que je ne pouvais presque tenir fermées,
« tant le cœur me battait à voir tant de braves gens
« dans le péril...

« On a pris aujourd'hui deux manières de paysans
« qui étaient sortis de la ville avec des lettres pour
« M. de Castanaga. Ces lettres portaient que la place
« ne pouvait plus tenir que cinq ou six jours. En
« récompense, comme le roi regardait de la tranchée
« tirer nos batteries, un homme, qui apparemment
« était quelque officier ennemi, déguisé en soldat
« avec un simple habit gris, est sorti, à la vue du roi,
« de notre tranchée, et, traversant jusqu'à une demi-
« lune des ennemis, s'est jeté dedans ; on a vu deux
« des ennemis venir au-devant de lui pour le recevoir.
« J'étais dans la tranchée dans ce temps-là, et je l'ai
« conduit de l'œil jusque dans la demi-lune. Tout le
« monde a été surpris jusqu'au dernier point de son
« imprudence ; mais vraisemblablement il n'empê-
« chera pas la place d'être prise dans cinq ou six
« jours. Toute la demi-lune est presque éboulée, et
« les remparts de ce côté ne tiennent plus à rien. On
« n'a jamais vu un tel feu d'artillerie. Quoique je
« vous dise que j'ai été dans la tranchée, n'allez pas

« croire que j'aie été dans aucun péril; les ennemis
« ne tiraient plus de ce côté-là ; et nous étions tous
« ou appuyés sur le parapet, ou debout sur le revers
« de la tranchée. Mais j'ai couru d'autres périls, que
« je vous conterai en riant quand nous serons de re-
« tour. Voilà, ce me semble, une assez longue lettre;
« mais j'ai les pieds chauds, et je n'ai guère de plus
« grand plaisir que de causer avec vous. »

Nous y ajouterons encore le fragment d'une lettre
où se trouvent des détails fort intéressants sur une
revue à laquelle il assista.

Au camp de Givries, le 21 mai 1692.

« ... Le roi fit hier une revue de son armée et de
« celle de M. de Luxembourg. C'était assurément le
« plus grand spectacle qu'on ait vu depuis plusieurs
« siècles. Je ne me souviens point que les Romains en
« aient vu un tel : car leurs armées n'ont guère passé,
« ce me semble, quarante, ou tout au plus, cinquante
« mille hommes, et il y avait hier six-vingt mille
« hommes ensemble sur quatre lignes. Je commen-
« çai à onze heures du matin à marcher. J'allai tou-
« jours au grand pas de mon cheval, et je ne finis
« qu'à huit heures du soir. Enfin, on était deux
« heures à aller du bout d'une ligne à l'autre. Mais
« si l'on n'a jamais vu tant de troupes ensemble, as-
« surez-vous qu'on n'en a jamais vu de si belles. Je

« vous rendrais un fort bon compte des deux lignes
« de l'armée du roi, et de la première de l'armée de
« M. de Luxembourg; mais, quant à la seconde ligne,
« je ne puis vous en parler que sur la foi d'autrui.
« J'étais si las, si ébloui de voir briller des épées et
« des mousquets, si étourdi d'entendre des tambours,
« des trompettes et des timbales, qu'en vérité je me
« laissais conduire par mon cheval, sans plus avoir
« d'attention à rien; et j'eusse voulu de tout mon
« cœur que tous les gens que je voyais eussent été
« chacun dans leur chaumière ou dans leur maison,
« avec leurs femmes et leurs enfants, et moi dans ma
« rue des Maçons avec ma famille. Vous avez peut-
« être trouvé dans les poëmes épiques les revues
« d'armée fort longues et fort ennuyeuses; mais celle-
« ci m'a paru tou¹ autrement longue, et même, par-
« donnez-moi cette espèce de blasphème, plus las-
« sante que celle de la *Pucelle*... (1) A cela près, je ne
« fus jamais si charmé et si étonné que je le fus de
« voir une puissance si formidable. Vous jugez bien
« que tout cela nous prépare de belles matières... »

Il entre ensuite dans quelques détails sur la posi-
tion prise par les deux armées après la revue, puis il
continue :

« L'une et l'autre se mettent en marche demain.

(1) Poëme de Chapelain, dont Jeanne d'Arc, dite la Pucelle, est
l'héroïne.

« Je pourrai bien n'être pas en état de vous écrire de
« cinq ou six jours : c'est pourquoi je vous écris au-
« jourd'hui une si longue lettre. Ne trouvez point
« étrange le peu d'ordre que vous y trouverez : je
« vous écris au bout d'une table environnée de gens
« qui raisonnent de nouvelles, et qui veulent à tous
« moments que j'entre dans la conversation... Vrai-
« semblablement j'aurai bientôt de plus grandes
« choses à vous mander qu'une revue, quelque
« grande et quelque magnifique qu'elle ait été...
« M. de Luxembourg, dès le premier jour que nous
« arrivâmes, envoya dans notre écurie un des plus
« commodes chevaux de la sienne pour m'en servir
« pendant la campagne. Vous n'avez jamais vu un
« homme de cette bonté et de cette magnificence ; il
« est encore plus à ses amis, et plus aimable à la tête
« de sa formidable armée, qu'il n'est à Paris et à Ver-
« sailles... Adieu, mon cher Monsieur, voilà bien du
« verbiage ; mais je vous écris au courant de ma
« plume, et me laisse entraîner au plaisir que j'ai de
« causer avec vous, comme si j'étais dans vos allées
« d'Auteuil... Écrivez-moi le plus souvent que vous
« pourrez ; et forcez votre paresse. Pendant que
« j'essuie de longues marches et des campements fort
« incommodes, serez-vous fort à plaindre quand vous
« n'aurez que la fatigue d'écrire des lettres bien à
« votre aise dans votre cabinet ? »

CHAPITRE VII

Justification de Racine au sujet d'une accusation portée contre lui par Valincourt, relativement à l'histoire du roi. — Regrets que doit causer la perte des manuscrits de cette histoire, et surtout que Racine ne se soit pas occupé d'une histoire générale de France. — Lectures faites au roi par Racine et Boileau des morceaux de son histoire. — Commencement de la faveur de Mᵐᵉ de Maintenon et de ses liaisons avec Racine. — Désir de Racine de voir entrer Boileau à l'Académie française. — Le même désir est manifesté par le roi, et Boileau est élu. — Mort de Corneille. — Contestations entre Racine et l'ancien directeur de l'Académie pour rendre les honneurs funèbres à l'auteur du *Cid*. — Mort de Benserade. — Réception de Thomas Corneille à la place de son frère. — Remarquable discours de Racine. — Observations au sujet des éloges académiques. — Retentissement du discours de Racine. — Fragments de ce discours. — Le roi se le fait lire par l'auteur.

Nous avons vu dans le chapitre qu'on vient de lire avec quel soin Racine s'occupait de l'histoire du roi. Boileau, dont la prose assez négligée se serait élevée difficilement peut-être à la dignité historique, eut sans doute une très-petite part à la rédaction de cette histoire : Racine, qui y travailla beaucoup, ne put la terminer. On sait que l'ouvrage, interrompu à sa mort, périt à Saint-Cloud, dans l'incendie de la maison de Valincourt, son successeur. C'est donc à tort que ce même Valincourt (1) accuse Racine et Boileau de s'être contentés du titre et des appointements, sans s'embarrasser d'en remplir les fonctions : successeur de Racine dans cet emploi honorable, il savait mieux que personne à quel point celui-ci surtout s'en était occupé, puisqu'il était dépositaire de ses manuscrits. Valincourt, n'ayant jamais rien composé lui-même en ce genre, quoique seul chargé de ce travail après la mort de Racine et de Boileau, a voulu sans doute se justifier en accusant ces deux grands écrivains d'une négligence dont il était seul coupable : supercherie très-indigne d'un homme qui avait eu

(1) Jean-Baptiste du Trousset de Valincourt était entré, par le crédit de Racine et sous les auspices de Bossuet, en qualité de gentilhomme, dans la maison du comte de Toulouse, prince du sang et grand amiral. Il remplaça Racine à l'Académie française en 1699. « Valincourt, dit un biographe, était un de ces demi-seigneurs, demi-gens de lettres, qui, n'étant pas assez titrés pour frayer avec les Montmorency, les Mortemart, les la Rochefoucauld, et n'ayant pas assez de talent pour rivaliser avec les Corneille, les Boileau, les Racine, les Molière, voulaient jouer le rôle d'auteurs auprès des gens de qualité, et celui d'homme de qualité auprès des auteurs. Il prospéra cependant dans le commerce de Racine et de Boileau, gagna leur amitié, devint leur collègue dans les académies, dans la place d'historiographe, et acquit par de petits vers, et des morceaux de prose de courte haleine, la réputation d'homme de goût. C'est à lui que Boileau adresse sa satire XI *sur le vrai et le faux honneur*. Un événement qui le servit au mieux dans l'esprit du public, fut l'incendie qui consuma, en 1725, sa maison de Saint-Cloud, sa bibliothèque et ses manuscrits; on eut la bonté de croire que des ouvrages importants que l'académicien tenait en réserve, et notamment son histoire de Louis XIV, avaient péri dans ce désastre. Ce fut une excellente excuse pour l'humeur paresseuse de Valincourt.

l'honneur d'être lié si étroitement avec eux (1).

Il était assurément difficile que l'histoire du roi, lue au roi lui-même à mesure qu'elle avançait, ne ressemblât pas un peu à un panégyrique; mais nous avouerons que cette réflexion ne nous paraît point, comme à Laharpe, devoir diminuer nos regrets, à en juger uniquement par le *Précis historique des campagnes de* 1672 *à* 1678, seule partie de l'ouvrage qui, ayant été confiée par Valincourt à l'abbé de Vatry, n'ait pas été la proie des flammes. Le style de ce précis est élégant et simple; la narration en est claire, rapide et animée, et la louange n'y est point donnée aux dépens de la vérité. Nous en pouvons dire autant de la *Relation du siége de Namur* (en 1692), imprimée la même année par ordre du roi, et qui est un modèle d'exactitude et de précision. Ces deux morceaux inspirent à Geoffroy le regret que Racine se soit borné au récit des actions du roi, et n'ait pas entrepris une histoire générale de la France : « C'est, dit-il, un malheur pour notre littérature; car lui seul était capable d'égaler les anciens dans ce genre, et de donner à la nation un Tite-Live, après lui avoir donné un Euripide. Son jugement exquis, son imagination brillante, son goût délicat, cette élégance, cette grâce, cette harmonie qu'on remarque dans sa

(1) Geoffroy, *Vie de Jean Racine.*

prose, la profondeur et l'énergique précision qu'on admire dans les imitations de Tacite dont il enrichit sa tragédie de *Britannicus,* promettaient un historien tel que nous n'en avons point encore, tel peut-être que nous n'en aurons jamais. Le *Mercure* de 1677 nous apprend que c'était l'attente générale du public. Quand il ne fut plus possible de douter que Racine renonçait au théâtre, les amateurs se consolèrent par l'espoir de trouver un historien en perdant un poëte; et, ce qui est assez singulier, le journaliste éleva la voix, et sembla vouloir emprunter le style poétique pour annoncer la perte que faisait la poésie :

« C'est un bruit, dit-il, qui se confirme, qu'un de
« nos plus célèbres auteurs renonce au théâtre pour
« travailler à l'histoire. Il semble qu'il ne se soit
« attaché quelque temps à faire les portraits des
« héros de l'antiquité que pour essayer son pinceau,
« préparer les couleurs, et peindre ceux d'aujour-
« d'hui avec une plus vive ressemblance... Heureux
« celui qui doit y travailler avec lui (Boileau)! Heu-
« reux les froids écrivains, les méchants poëtes et les
« ridicules dont ce redoutable et fameux auteur
« n'aura plus le loisir d'attaquer les défauts dans ses
« charmantes satires! »

Nous avons dit que Racine et Boileau lisaient au roi les morceaux de son histoire au fur et à mesure qu'ils l'écrivaient. Ces lectures surtout doivent être remarquées, parce qu'elles sont l'époque où commence la faveur de Mme de Maintenon.

C'était chez Mme de Montespan qu'on se réunissait pour ces lectures. Les deux historiographes avaient leur entrée chez cette dame, aux heures où le roi y venait jouer. Mme de Maintenon y assistait, quoique sa faveur fût encore secrète. Racine était celui des deux auteurs qui lui plaisait le plus : elle aimait sa douceur, sa circonspection, sa sensibilité, sa dévotion tendre, et sa simplicité enfantine sur tout ce qui concernait la religion. Mme de Montespan, plus vive et plus franche, préférait Boileau, peut-être parce qu'il était moins courtisan et d'un caractère plus libre.

Le crédit de Mme de Montespan commençait à décliner. C'était cependant chez elle qu'on lisait ; c'était elle qui avait donné au roi l'idée de faire écrire son histoire ; c'était elle qui avait proposé ces lectures ; mais l'attention que le roi témoignait pour Mme de Maintenon déplut bientôt à la favorite ; elle en témoignait quelquefois son dépit par des paroles un peu aigres. Le roi, sans lui répondre, regardait en riant Mme de Maintenon assise vis-à-vis de lui sur un tabouret. Il n'en fallut pas davantage pour faire exclure Mme de Maintenon de ces réunions. Boileau et Racine, la rencontrant un jour dans la galerie, et lui témoignant leurs regrets de ne plus l'avoir pour juge de leurs productions : « Je ne suis plus, leur dit-elle,

admise à ces mystères. » Mais ces regrets firent bientôt
place à l'étonnement : quelque temps après, appelés
pour lire dans la chambre du roi, retenu au lit par
une indisposition, ils trouvèrent Mme de Maintenon
dans un fauteuil auprès du chevet du lit, et s'entre-
tenant familièrement avec lui ! La lecture allait commencer, et Mme de Montespan à son tour ne devait probablement pas assister à ce mystère, lorsqu'elle arrive
tout à coup, et, pour cacher son embarras, adresse
quelques compliments au roi, et en accable Mme de
Maintenon. « Asseyez-vous, Madame, lui dit le roi
« pour mettre fin à toutes ces cérémonies, il n'est pas
« juste qu'on lise sans vous un ouvrage que vous
« avez vous-même commandé. » Malgré cet ordre,
son premier mouvement fut de prendre une bougie
pour éclairer le lecteur : elle fit ensuite réflexion qu'il
était plus convenable de s'asseoir, et de faire tous ses
efforts pour paraître attentive à la lecture. « Depuis
ce jour, ajoute Louis Racine, le crédit de Mme de
Maintenon alla en augmentant d'une manière si visible, que les deux historiens lui firent leur cour, autant qu'ils la savaient faire. »

Quoique Racine fût confrère de Boileau dans l'honorable emploi d'écrire l'histoire du roi et dans la
petite Académie (qui n'avait pas encore reçu le titre
d'Académie des incriptions et belles-lettres), il ne

l'avait point encore pour confrère dans l'Académie française ; « et comme il souhaitait, dit Louis Racine, de le voir dans cette compagnie, il l'avait sans doute en vue lorsqu'il fit valoir l'empressement de l'Académie à chercher des sujets, dans le discours qu'il prononça, le 30 octobre de l'année 1678, à la réception de M. l'abbé Colbert, depuis archevêque de Rouen. « Oui, Monsieur, lui disait-il, l'Académie vous a « choisi; car, nous voulons bien qu'on le sache, ce « n'est pas la brigue, ce ne sont point les sollicita- « tions qui ouvrent les portes de l'Académie; elle va « elle-même au-devant du mérite, elle lui épargne « l'embarras de se venir offrir, elle cherche les sujets « qui lui sont propres, etc. »

« J'ignore si l'Académie, ajoute naïvement Louis Racine, était alors dans l'usage, comme le disait son directeur, de choisir et de chercher elle-même les sujets (ce qui probablement n'avait plus lieu de son temps, pas plus que du nôtre). Je sais seulement que tous les académiciens ne songeaient pas à chercher Boileau; et il y en avait plusieurs qu'il ne songeait pas non plus à solliciter. Le roi lui demanda un jour pendant son souper s'il était de l'Académie; Boileau répondit avec un air modeste qu'il n'était pas digne d'en être. « Je veux que vous en soyez, » répondit le roi. Quelque temps après, une place vient à vaquer, et la Fontaine, qui la voulait solliciter, alla lui de-

mander s'il serait son concurrent. Boileau l'assura
que non, et ne fit aucune démarche. Il eut cependant
quelques voix, mais la pluralité fut pour la Fontaine;
et lorsque, selon l'usage, on alla demander au roi son
agrément pour cette nomination, le roi répondit seulement : « Je verrai. » De manière que la Fontaine,
quoique nommé, ne fut point reçu, et resta très-
longtemps, ainsi que l'Académie, dans l'incertitude.
Enfin une nouvelle place devint vacante, et l'Académie aussitôt nomma Boileau. Le roi, lorsqu'on lui
demanda son agrément, l'accorda en ajoutant : « Main-
« tenant vous pouvez recevoir la Fontaine. » Boileau
fut reçu le 3 juillet 1684.

« A la fin de cette même année, Corneille mourut.
Racine, qui, le lendemain de cette mort, entrait dans
les fonctions de directeur, prétendait que c'était à lui
à faire faire, pour l'académicien qui venait de mourir,
un service selon la coutume. Mais Corneille était mort
pendant la nuit; et l'académicien qui était encore
directeur la veille prétendit que, n'étant sorti de
place que le lendemain matin, il était encore dans ses
fonctions au moment de la mort de Corneille, et que
par conséquent c'était à lui de présider aux obsèques
de l'illustre défunt. Cette contestation, qui n'avait
pour motif qu'une généreuse émulation, fut soumise
à l'Académie, qui décida en faveur de l'ancien directeur. Cette décision donna lieu au mot fameux que

Benserade dit à Racine : « Nul autre que vous ne
« pouvait prétendre à enterrer Corneille ; cependant
« vous n'avez pu y parvenir. »

Mais si Racine n'avait pu, à l'occasion des obsèques
de Corneille, lui rendre hommage comme il le désirait,
il s'en dédommagea d'une manière admirable, quelque temps après, dans le discours qu'il prononça à la
réception de Thomas Corneille à l'Académie française
en remplacement de son frère Pierre, surnommé le
Grand Corneille. Ce discours, tout en assignant à
Racine un rang distingué parmi les orateurs, montre
que son grand génie comprenait toute la grandeur de
celui de Corneille, et qu'il l'a loué trop éloquemment
pour qu'on pût l'accuser de n'être pas sincère. Du
reste, Racine était trop judicieux pour ne pas sentir
que toute restriction, en ce moment, eût choqué les
convenances, et que lui seul n'avait pas le droit de
voir alors dans Corneille autre chose que les beautés.
— Il ne faut pas, dira-t-on peut-être, prendre toujours
au mot les éloges académiques : soit ; mais si l'on peut
croire que Racine, ayant à louer publiquement Pierre
Corneille mort, le jour de la réception, et par conséquent en présence de Thomas Corneille son frère, ne
pouvait, sans manquer à toutes les convenances, se
dispenser d'exalter son mérite ; du moins ne saurait-on
récuser l'éloge volontaire qu'il faisait de lui en particulier, dans sa conversation intime avec son fils, où,

4*

développant à celui-ci les beautés du *Cid* et des *Horaces,* il lui disait : « Corneille fait des vers cent fois plus beaux que les miens. » Louis Racine nous a conservé une de ces leçons qui mérite d'être citée. « Quelque crainte qu'il eût, dit-il, de parler de vers à mon frère, quand il le vit en âge de pouvoir discerner le bon du mauvais, il lui fit apprendre par cœur des endroits de *Cinna;* et lorsqu'il lui entendait réciter ce beau vers :

Et, monté sur le faîte, il aspire à descendre,

« Remarquez bien cette expression, lui disait-il avec « enthousiasme. On dit aspirer à monter; mais il faut « connaître le cœur humain aussi bien que Corneille « l'a connu, pour avoir su dire de l'ambitieux qu'il « aspire à descendre. » On ne croira point, ajoute Louis, qu'il ait affecté de la modestie lorsqu'il parlait ainsi en particulier à son fils : il lui disait bien ce qu'il pensait. »

Sans doute, il n'y a rien là qui ne ressemble à la bonne foi; mais ce n'est pas une raison pour prendre Racine au mot quand il dit que les vers de Corneille sont cent fois plus beaux que les siens, non plus que Voltaire, quand il disait en parlant de Racine : « Je ne suis qu'un polisson en comparaison de cet homme-là. » Ces saillies d'enthousiasme sont de l'artiste qui se passionne pour l'art, dans la personne de son rival, avec plus d'abandon qu'il n'oserait le faire dans la sienne propre, ou même qu'il ne le pourrait, parce qu'il ne voit alors en lui-même que ce qui lui manque, et dans un autre que ce qui brille. La vérité est que rien n'est plus beau que les vers de Corneille quand ils sont beaux; que ceux de Racine ne le sont pas moins, quoique d'une autre espèce de beauté; mais qu'ils le sont beaucoup plus souvent (1).

Revenons au discours de Racine, qui eut un grand retentissement. Il se divisait en deux parties. La première, en réponse au discours de Thomas Corneille, contenait, comme nous l'avons dit, un éloquent et magnifique éloge du grand Corneille; la seconde, adressée à M. Bergeret, autre récipiendaire, alors premier commis de M. de Croissy, frère du grand Colbert, ministre des affaires étrangères, ne renfermait guère que l'éloge de Louis XIV. Nous citerons des fragments de la première partie, afin de donner à nos lecteurs un échantillon de ce discours que Geoffroy appela « un chef-d'œuvre de raison et de style, et un modèle de cette éloquence sage et sévère qui doit régner dans les assemblées publiques d'une académie qui règle la langue et le goût. »

« Vous, Monsieur, dit-il en s'adressant à Thomas « Corneille, vous qui non-seulement étiez son frère,

---

(1) LAHARPE, Cours de littérature.

« mais qui avez couru longtemps une même carrière
« avec lui, vous savez les obligations que lui a notre
« poésie; vous savez en quel état se trouvait la scène
« française lorsqu'il commença à travailler. Quel
« désordre! quelle irrégularité! Nul goût, nulle con-
« naissance des véritables beautés du théâtre; les
« acteurs aussi ignorants que les spectateurs; la
« plupart des sujets extravagants et dénués de vrai-
« semblance; point de mœurs, point de caractères;
« la diction encore plus vicieuse que l'action, et dont
« les pointes et de misérables jeux de mots faisaient
« le principal ornement; en un mot, toutes les règles
« de l'art, celles même de l'honnêteté et de la bien-
« séance, partout violées.

« Dans cette enfance, ou, pour mieux dire, dans
« ce chaos du poëme dramatique parmi nous, votre
« illustre frère, après avoir quelque temps cherché
« le bon chemin, et lutté, si je l'ose ainsi dire, contre
« le mauvais goût de son siècle, enfin inspiré d'un
« génie extraordinaire, et aidé de la lecture des
« anciens, fit voir sur la scène la raison, mais la
« raison accompagnée de toute la pompe, de tous les
« ornements dont notre langue est capable, accorda
« heuseusement la vraisemblance et le merveilleux,
« et laissa bien loin derrière lui tout ce qu'il avait de
« rivaux, dont la plupart, désespérant de l'atteindre,
« et n'osant plus entreprendre de lui disputer le prix,

« se bornèrent à combattre la voix publique déclarée
« pour lui, et essayèrent en vain, par leurs discours
« et par leurs frivoles critiques, de rabaisser un
« mérite qu'ils ne pouvaient égaler.

« La scène retentit encore des acclamations qu'ex-
« citèrent à leur naissance le *Cid*, *Horace*, *Cinna*,
« *Pompée*, tous ces chefs-d'œuvre représentés depuis
« sur tant de théâtres, traduits en tant de langues, et
« qui vivront à jamais dans la bouche des hommes...
« Combien de rois, de princes, de héros de toutes
« nations nous a-t-il représentés, toujours tels qu'ils
« doivent être, toujours uniformes avec eux-mêmes,
« et jamais ne se ressemblant les uns aux autres !
« Parmi tout cela, une magnificence d'expression
« proportionnée aux maîtres du monde qu'il fait
« souvent parler, capable néanmoins de s'abaisser
« quand il veut, et de descendre jusqu'aux simples
« naïvetés du comique, où il est encore inimitable ;
« enfin, ce qui lui est surtout particulier, une cer-
« taine élévation qui surprend, qui enlève, et qui
« rend jusqu'à ses défauts, si on lui en peut reprocher
« quelques-uns, plus estimables que les vertus des
« autres : personnage véritablement né pour la gloire
« de son pays ; comparable, je ne dis pas à tout ce
« que l'ancienne Rome a eu d'excellents tragiques,
« puisqu'elle confesse elle-même qu'en ce genre elle
« n'a pas été fort heureuse, mais aux Eschyle, aux

« Sophocle, aux Euripide, dont la fameuse Athènes
« ne s'honore pas moins que des Thémistocle, des
« Périclès, des Alcibiade, qui vivaient en même
« temps qu'eux..... »

Louis XIV, informé du succès de ce discours, voulut l'entendre. L'auteur fut invité par le roi à lui en faire la lecture. Après l'avoir écouté attentivement, le monarque dit à Racine : « Je suis très-content de
« votre discours; seulement je vous louerais davan-
« tage si vous m'aviez moins loué. »

CHAPITRE VIII

Trois parts que Racine fait de sa vie après son mariage : l'une
consacrée à Dieu, l'autre à sa famille et à l'amitié, la troisième
au roi. — Racine dans son intérieur. — Ses enfants. — Attachement qu'il leur portait. — Soins qu'il donne à l'éducation
de son fils aîné. — Avancement qu'il lui procure. — Bonheur
que goûtait Racine au milieu de sa famille. — Anecdote curieuse. — Ses jeux avec ses enfants. — Détails naïfs. — Racine
avec Boileau et ses amis dans la maison de Boileau à Auteuil.
— Penchant de Racine à la raillerie. — Comment il s'en
corrige.

A partir de son mariage, et après qu'il eut été
nommé historiographe du roi et gentilhomme ordinaire, on peut dire que Racine fit trois parts de sa
vie : il donna l'une à Dieu, l'autre à sa famille et à
Boileau, son unique ami, et la troisième au roi. Il ne
fut plus dès lors occupé qu'à remplir ses devoirs de
chrétien, à lire la Bible et des livres de piété, à surveiller l'éducation de ses enfants, à jouir du commerce de Boileau, et à préparer les matériaux de
l'histoire de Louis XIV.

Rien n'est plus intéressant que de suivre Racine
dans tous les détails de sa vie intérieure, pendant les
vingt-deux ans qui s'écoulèrent depuis sa conver-

sion jusqu'à sa mort. Malheureusement l'espace nous manque pour entrer dans tous ces détails, qui se trouvent épars dans les Mémoires de Louis Racine et dans les lettres écrites par Jean Racine, soit à Boileau, soit à son fils aîné. Il y a surtout peu de lectures plus attachantes que celle de ces lettres, comme on a pu déjà en juger par quelques extraits que nous en avons donnés, et comme on pourra en juger par ceux que nous donnerons encore. On sent partout dans cette correspondance le grand homme qui s'abaisse, qui s'efface, pour n'être qu'un humble chrétien, un homme simple, un ami dévoué, un bon père. Plus les idées et le langage en sont simples, plus le lecteur est ému et charmé. Sous cette familiarité douce et calme, sous cette affectueuse et rigoureuse humilité, sous ce sans-façon paisible et austère, on sent une âme passionnée toute prête à se répandre, un grand esprit dont l'activité comprimée déborde; tout un monde de sentiment et de poésie refoulé et contenu par une héroïque abnégation de chrétien.

On peut voir, dans les premières lettres qu'il adresse à son fils (1), avec quelle attention il suit les progrès de sa première éducation; puis, quand celui-ci est lancé dans le monde, avec quelle tendre sollicitude il le suit, pour ainsi dire, pas à pas, avec

_____

(1) Voir ces lettres à la fin du volume.

quelle bonté et quelle simplicité il lui donne ses conseils paternels. Quoi de plus touchant que celle où il
lui rend compte de la visite inattendue que lui a faite
M. de Bonac, neveu de M. de Bonrepaux, ambassadeur à la Haye, auprès duquel le jeune Racine était
employé : « Ce fut pour moi une apparition agréable
« de voir entrer M. de Bonac dans mon cabinet, jeudi
« dernier, de grand matin ; mais ma joie se changea
« bientôt en chagrin, quand je le vis résolu à ne point
« loger chez moi... Il nous donne de grandes espé-
« rances sur votre sujet, et vous êtes fort heureux
« d'avoir en lui un ami si plein de bonne volonté
« pour vous. S'il ne nous flatte point, et si les témoi-
« gnages qu'il nous rend sont bien sincères, nous
« avons de grandes grâces à rendre au bon Dieu, et
« nous espérons que vous nous serez une grande con-
« solation. Il nous assure que vous aimez le travail,
« que vous ne vous dissipez point, et que la prome-
« nade et la lecture sont vos plus grands divertisse-
« ments, et surtout la conversation de M. l'ambassa-
« deur, que vous avez bien raison de préférer à tous
« les plaisirs du monde : du moins je l'ai toujours
« trouvée telle, et non-seulement moi, mais tout ce
« qu'il y a ici de personnes de meilleur esprit et de
« meilleur goût.

« Je n'ai osé demander à M. de Bonac si vous pen-
« siez un peu au bon Dieu, et j'ai eu peur que la ré-

5

« ponse ne fût pas telle que je l'aurais souhaitée ;
« mais enfin je veux me flatter que, faisant votre pos-
« sible pour devenir un parfait honnête homme, vous
« concevrez qu'on ne le peut être sans rendre à Dieu
« ce qu'on lui doit. Vous connaissez la religion : je
« puis dire même que vous la connaissez belle et noble
« comme elle est, et il n'est pas possible que vous ne
« l'aimiez. Pardonnez si je vous mets quelquefois sur
« ce chapitre ; vous savez combien il me tient à cœur,
« et je vous puis assurer que plus je vais en avant,
« plus je trouve qu'il n'y a rien de si doux au monde
« que le repos de la conscience, et de regarder Dieu
« comme un père qui ne nous manquera pas dans tous
« nos besoins. M. Despréaux, que vous aimez tant,
« est plus que jamais dans ces sentiments, etc... »

Ce fils pour qui il montre une si tendre sollicitude
était l'aîné de sept enfants qu'il eut de son mariage
(deux garçons et cinq filles). Il se nommait Jean-Baptiste et était né en 1678, un an après le mariage de
son père. — Il est mort garçon le 31 janvier 1747. —
Les autres enfants de Racine étaient : Marie-Catherine
Racine, mariée à Pierre-Claude Colin de Moramber,
le 5 juin 1699, et morte le 6 décembre 1751 ; quand
Racine parle d'elle dans ses lettres à son fils, il ne la
désigne ordinairement que sous le nom de *votre sœur*.
La seconde fille nommée Anne, et que Racine appelle familièrement Nanette, se fit religieuse aux ur-

sulines de Melun, comme nous le verrons dans la correspondance; la troisième, Élisabeth Racine, appelée
Babet par son père, se fit religieuse au couvent de
Notre-Dame de Variville; la quatrième, Jeanne-Nicole-Françoise Racine (dite Fanchon), mourut célibataire en 1739, à l'abbaye de Malnoue, où elle était
pensionnaire depuis six ans; la cinquième, Madeleine Racine (dite Madelon) est morte fille le 7 janvier 1741; enfin Louis Racine, le septième enfant,
naquit le 2 novembre 1692, et n'avait par conséquent que sept ans à la mort de son illustre père. Il
est souvent désigné dans la correspondance sous le
nom de Lionval. Nous reparlerons de lui à la fin de
cette histoire.

Racine, d'après le témoignage que nous en a laissé
son fils, aimait tous ses enfants avec une égale tendresse, n'étant occupé qu'à leur donner une bonne
éducation chrétienne et à entretenir l'union entre eux.
Lorsqu'il en voyait un d'incommodé, il était dans des
agitations continuelles, et plus d'une fois, dans ces
circonstances, on l'entendit s'écrier : « Pourquoi m'y
« suis-je exposé? pourquoi m'a-t-on détourné de me
« faire chartreux? je serais bien plus tranquille. »

Malgré cette égalité d'affection qu'il portait à tous
ses enfants, on ne sera pas surpris de le voir s'occuper avec un soin tout particulier de l'éducation et
du sort de son fils aîné, destiné à être l'héritier et

longtemps le seul soutien d'un nom si illustre. Après
lui avoir fait donner une excellente éducation, à laquelle il présida en quelque sorte, malgré les fonctions qui souvent le forçaient de s'éloigner de Paris,
Racine obtint du roi, pour ce même fils, la survi-
vance de sa charge de gentilhomme. Puis il le fit entrer dans la diplomatie, avec la protection spéciale de
M. de Torcy (J.-B. Colbert, neveu du grand Colbert),
ministre des affaires étrangères, qui le chargea bientôt de porter à M. de Bonrepaux, ambassadeur de
France en Hollande, des dépêches de la cour, et le recommanda d'une manière toute particulière à cet ambassadeur. « Après son départ, dit Louis Racine,
« la maison fut comme celle de Tobie après le départ
« du fils. Ce n'étaient qu'inquiétudes sur la santé du
« voyageur et sur sa conduite... » On a pu déjà avoir
une idée de ces alarmes paternelles dans les fragments de la lettre que nous venons de donner, et
nous le verrons encore avec plus de détail dans la
dernière partie de la correspondance, qu'on trouvera
à la fin de ce volume.

Nous avons dit que Racine avait présidé lui-même
à l'éducation de ce fils bien-aimé. Ce serait un livre
bien instructif et un précieux traité d'éducation que
celui qui contiendrait le recueil des leçons du grand
Racine à son fils. On pourra en juger par quelques-
unes de ses premières lettres, et par ces fragments

que nous a conservés Louis Racine, où nous trouvons
les conseils et les avis qu'il lui donnait pour le détourner de se livrer à la poésie.

« Je ne vous dissimulerai point, disait-il à mon
« frère, que dans la chaleur de la composition on ne
« soit quelquefois content de soi; mais, et vous pou-
« vez m'en croire, lorsqu'on jette le lendemain les
« yeux sur son ouvrage, on est tout étonné de ne plus
« rien trouver de bon dans ce qu'on admirait la veille;
« et quand on vient à considérer, quelque bien qu'on
« ait fait, qu'on aurait pu mieux faire, et combien on
« est éloigné de la perfection, on est souvent dé-
« couragé. Outre cela, quoique les applaudissements
« que j'ai reçus m'aient beaucoup flatté, la moindre
« critique, quelque mauvaise qu'elle ait été, m'a tou-
« jours causé plus de chagrin que toutes les loüanges
« ne m'ont fait de plaisir. »

« Les poëtes, ajoutait-il, qui s'imaginent être con-
« nus et admirés de tout le monde, trouvent souvent
« des occasions qui les humilient. Ils doivent s'at-
« tendre encore que leurs ouvrages essuieront les
« discours les plus bizarres, et seront exposés tantôt
« aux critiques injustes des envieux, tantôt aux
« louanges stupides des ignorants, ce qui n'est pas la
« chose la moins chagrinante, et tantôt aux fausses
« décisions de ceux qui se croient des juges... »

« Mon père, pour dégoûter encore mon frère de

vers, et dans la crainte qu'il n'attribuât à ses tragédies les caresses dont quelques grands seigneurs l'accablaient, lui disait : « Ne croyez pas que ce soient mes « vers qui m'attirent toutes ces caresses. Corneille fait « des vers cent fois plus beaux que les miens, et « cependant personne ne le regarde. On ne l'aime « que dans la bouche de ses acteurs; au lieu que, « sans fatiguer les gens du monde du récit de mes « ouvrages, dont je ne leur parle jamais, je me con- « tente de leur tenir des propos amusants, et de les « entretenir de choses qui leur plaisent. Mon talent « avec eux n'est pas de leur faire sentir que j'ai de « l'esprit, mais de leur apprendre qu'ils en ont. « Ainsi quand vous voyez M. le duc (1) passer sou- « vent des heures entières avec moi, vous seriez « étonné, si vous étiez présent, de voir que souvent « il en sort sans que j'aie dit quatre paroles; mais peu « à peu je le mets en humeur de causer, et il sort « de chez moi encore plus satisfait de lui que de « moi (2). »

« Le premier précepte qu'il lui donna quand il le fit entrer dans le monde, fut celui-ci : « Ne prenez « jamais feu sur le mal que vous entendrez dire de

---

(1) Henri-Jules de Bourbon, prince de Condé, fils du grand Condé, né en 1643, et mort en 1709. C'était un prince très-éclairé, aimant les gens d'esprit et en ayant beaucoup lui-même.

(2) Mémoires de Louis Racine sur la vie de son père.

« moi. On ne peut plaire à tout le monde, et je ne
« suis pas exempt de fautes plus qu'un autre. »

Racine ne se trouvait mieux nulle part que chez
lui, soit au milieu de sa famille, soit dans la retraite
où il s'enfermait pour lire les livres saints et pour
prier. Comme chef de famille, il se croyait obligé à
la plus grande régularité. Il n'allait jamais aux spectacles, et ne parlait devant ses enfants ni de comédie
ni de tragédie profane. Quand il était à Paris, il faisait la prière tous les soirs, au milieu d'eux et de ses
domestiques, puis la lecture de l'Évangile du jour,
que souvent il expliquait lui-même par une courte
exhortation, proportionnée à l'intelligence de ses auditeurs, et prononcée avec cette âme qu'il donnait à
tout ce qu'il disait.

De temps en temps il quittait sa famille pour aller
à la cour, où il était admis en sa qualité d'historiographe et de gentilhomme ordinaire du roi. La plupart du temps il ne s'y rendait que pour obéir aux
ordres du prince, qui aimait à l'entretenir, et le prenait souvent pour lecteur, ainsi que nous le verrons
bientôt. Il l'accompagna dans ses voyages militaires
en 1678, 1692 et 1693, afin de voir lui-même les
événements qu'il était chargé de raconter. Mais le
séjour de la cour ne put jamais affaiblir dans le cœur
de Racine le goût des plaisirs domestiques, et ce sentiment pur qui lui faisait trouver le bonheur au sein

de sa famille. « Sa plus grande satisfaction, dit Louis Racine, était de revenir passer quelques jours dans sa famille ; et lorsqu'il se trouvait à table avec sa femme et ses enfants, il disait qu'il faisait meilleure chère qu'aux tables des grands ; » et à ce sujet, il raconte l'anecdote suivante :

Il revenait un jour de Versailles pour goûter ce plaisir, et il était prêt à se mettre à table avec sa famille, lorsque arrive un écuyer de M. le duc qui lui dit de la part de son maître qu'on l'attend à dîner l'hôtel de Condé. Racine, quoique flatté de l'invitation, déclare qu'il lui est impossible de se rendre auprès de Son Altesse en ce moment. « Il y a huit jours, dit-il, que je n'ai vu mes enfants et ma femme ; ils se font une fête de manger aujourd'hui avec moi une très-belle carpe ; je ne les priverai pas de ce plaisir. — Mais, Monsieur, reprend l'écuyer, vous ne songez pas qu'il y a chez M. le duc une compagnie nombreuse qui se fait aussi une fête de vous avoir à dîner : Son Altesse sera très-mortifiée de votre refus. » Alors Racine, comme dernier argument plus capable de toucher l'écuyer, se fait apporter la carpe qui valait environ un écu, et lui dit : « Voyez, Monsieur : ces pauvres enfants ont voulu me régaler ; ils ne pourront jamais se résoudre à manger ce plat sans moi ; aurais-je le courage de les chagriner ? Faites valoir, je vous prie, cette raison à M. le duc, il y sera sensible. » En effet, ce prince rit beaucoup de la carpe, et ne put s'empêcher d'admirer la bonté et la simplicité de Racine. Il faut avoir été père pour pouvoir dire son avis sur les prétendues petitesses de l'amour paternel. Racine, le grand Racine ne rougissait point de devenir enfant avec ses enfants. Son fils nous le montre, dans ses Mémoires, causant souvent avec eux, entrant dans leurs petits intérêts, bâtissant avec eux des chapelles, et quelquefois, quand ils faisaient des processions, l'auteur d'*Athalie* portait gravement la croix, pendant que « ses filles faisaient le clergé, et Louis Racine le curé. » Ces détails naïfs, loin d'affaiblir la gloire de Racine, ne servent qu'à faire aimer davantage le caractère de celui dont on admire les écrits, et le grand homme ne s'attire que plus de respect quand on trouve encore en lui le *bon homme* dans l'acception la plus favorable de ce mot. « Quand un homme a mérité, dit avec raison Louis Racine, qu'on admire son caractère dans ces petites choses, il est permis de les rappeler, en disant de lui ce que dit Tacite en parlant de son beau-père, *bonum virum facile crederes, magnum libenter.* »

Après le bonheur qu'il goûtait au sein de sa famille, la plus douce satisfaction de Racine était d'aller « se délasser de ses fatigues dans le Tibur de son cher Horace, » selon l'expression de son fils. Boileau, né sans fortune, comme il nous l'apprend dans ses vers, était devenu, par les bienfaits du roi ménagés avec beaucoup d'économie, un poëte opulent pour cette époque. Il avait fait, pour environ 8,000 livres, l'acquisition de sa maison de campagne à Auteuil, et ce lieu de retraite, dont il fut enchanté, le jeta les premières années dans la dépense. Il l'embellit, et fit son plaisir d'y rassembler autour de sa table quelques amis choisis. Racine, comme on le pense bien, faisait ordinairement partie de ces réunions, dont les entretiens étaient on ne peut plus intéressants, et tels qu'on pouvait l'attendre d'hommes de lettres ou de savants, comme les PP. Bourdaloue, Bouhours et Rapin; puis la Bruyère, la Fontaine, Nicole, Valincourt et Bernier, le célèbre voyageur; car tels étaient les habitués de la maison d'Auteuil, et les amis communs de Racine et de Boileau.

C'est dans cette petite maison de Boileau que Racine, au milieu de ces hommes d'élite, oubliait les affaires et les intrigues de la cour; c'est là qu'il se livrait à une gaieté innocente, au milieu de ce qu'il y avait de plus distingué en France par l'esprit et les talents. Cette union respectable ne pouvait avoir d'autre fondement que la simplicité, la modestie et la vertu de ces hommes rares, qui s'estimaient sans se craindre, et ne voyaient dans leurs rivaux que des gens aimables et d'honnêtes gens.

On se demande quelquefois comment Racine, ac-

coutumé au travail de l'esprit, dominé par son génie
poétique, pouvait ainsi s'interdire une occupation
chérie. De quoi occupait-il ses loisirs? comment rem-
plissait-il ses journées? Mais quand on connaît le
pouvoir de la religion, quand on sait à quel point
Racine était pénétré des principes de l'Évangile, on
n'est plus étonné de son indifférence, et même de son
aversion pour des vers profanes : il eût voulu effacer
ses tragédies de sa mémoire et de celle de tout le
monde; il était honteux et affligé de ce qui fait aujourd'hui sa gloire. Aussi ne parlait-il jamais de ses
ouvrages, et si par hasard, dans la société intime, la
conversation était amenée sur ce sujet, il y prenait
part, mais avec modestie et une sorte de répugnance
que ses amis, capables de le comprendre, savaient
respecter.

La religion, qui avait éteint en lui la passion des
vers profanes et du théâtre, sut aussi modérer son
penchant à l'ironie; car Racine, malgré sa bonté
naturelle, avait l'esprit enclin à une raillerie incisive.
S'il se fût adonné à la satire, il eût été plus mordant
que Boileau. Ce critique fameux était presque un bon-
homme en comparaison de Racine, qui ne le cédait
pas à Molière lui-même dans l'art de saisir les ridicules.
Ses lettres sur Port-Royal, ses épigrammes excellentes attestent cet esprit caustique, dont la piété
seule tempéra l'amertume, et qui se transforma peu

à peu en une plaisanterie agréable et inoffensive.

Boileau lui-même, Boileau, le plus cher ami de Racine, n'avait pas toujours été à l'abri de ses sarcasmes. Un jour, dans une dispute qu'ils eurent sur quelques points de littérature, et dans laquelle Racine avait été plus prodigue encore qu'à l'ordinaire de traits malins, Boileau lui dit avec un grand sang-froid, quand la dispute fut finie : « Avez-vous eu intention de me fâcher? — Dieu m'en garde! répondit Racine. — Vous avez donc tort, répliqua Boileau : car vous m'avez fâché. »

Dans une autre dispute de même nature, où Racine avait l'avantage, Boileau, poussé à bout par les cruelles plaisanteries de son ami, perdit toute patience, et s'écria du ton de la plus mauvaise humeur : « Eh bien, oui, j'ai tort; mais j'aime mieux avoir tort que d'avoir orgueilleusement raison comme vous. »

Mais quand Boileau eut remarqué à quel point les sentiments religieux avaient modéré la violence des passions et des mauvais penchants de son ami, il en fut saisi de joie et d'admiration, et il ne cessait de répéter : « La raison conduit souvent les autres à la foi; c'est la foi qui a conduit Racine à la raison. »

CHAPITRE IX

Racine à la cour. — Comment Racine était courtisan. — Justification des reproches adressés à Racine et aux grands écrivains
de son temps d'avoir fréquenté la cour de Louis XIV. — Différence entre le *vrai courtisan* et l'homme de lettres qui fréquente
la cour. — Distinctions et marques de préférence accordées à
Racine par Louis XIV. — Racine incapable, pour plaire au roi,
de se prêter à un acte contraire à sa conscience. — Un fait à
l'appui de cette assertion. — Il n'est point attaché à la cour par
ambition. — Véritables motifs qui l'y retiennent. — Dédicace
des *OEuvres diverses d'un auteur de sept ans*, attribuée jusqu'ici
à Mme de Maintenon, et reconnue pour avoir été composée par
Racine. — Attachement de Mme de Maintenon pour Racine.

« Si l'on entend par courtisan, dit Racine le fils,
un homme qui ne cherche qu'à mériter l'estime de
son maître, mon père l'était; si l'on entend un
homme qui, pour arriver à ses vues, est savant dans
l'art de la dissimulation et de la flatterie, il ne l'é-
tait point, et le roi n'en avait pas pour lui moins
d'estime. »

« Quelques esprits, prétendus *indépendants*, à qui
peut-être il n'a manqué, pour être des flatteurs, que
des souverains qui voulussent écouter leurs flatteries,
ont reproché à Racine, ainsi qu'à Molière et à Des-

préaux, d'avoir trop fréquenté la cour, et d'avoir consacré leurs travaux à l'éloge de Louis XIV et à ses plaisirs. Eh! où donc est le crime d'avoir recherché souvent l'entretien d'un prince qui comblait à la fois le mérite et de distinctions et de largesses? qui, au milieu des pénibles soins du trône, disait à Boileau : « Souvenez-vous que j'aurai toujours une heure à « vous donner? » Où est le crime d'avoir loué un monarque que ses plus cruels ennemis ont jugé louable à tant d'égards; dont les travaux ont à jamais illustré la France; qui a donné son nom à son siècle; dont les plaisirs mêmes avaient un caractère de grandeur, et nous ont valu *Esther*, *Athalie*, le *Misanthrope*, le *Bourgeois gentilhomme*, et tous les chefs-d'œuvre des Quinault, des Lulli, des Lebrun, des Mansard et des Girardon (1)? »

Racine, observe judicieusement Laharpe, n'était pas courtisan par caractère; mais alors l'esprit général était courtisan, comme plus tard il fut improbateur. Tout est mode, surtout parmi nous, et toutes les modes passent et se renouvellent en parcourant le cercle de l'inconstance et du temps. C'est d'ailleurs un esprit particulier que celui de la cour, et naturellement rien n'est plus opposé au génie des arts que cette réserve habituelle qui réprime tous les premiers mouvements,

(1) ROGER, Notice sur Racine, Biographie Univ., t. XXXVI.

cette complaisance souple qui se plie à toutes les
contraintes, et cette attention à ne chercher dans
chaque objet qu'une occasion de plaire. Cette manière
d'être, toute factice, ne peut guère se contracter que
par l'habitude et l'exemple de tous les jours, et par
la préoccupation d'un seul intérêt. Racine, quoiqu'il
parût à la cour, vivait dans son cabinet et dans sa
famille. Un homme de beaucoup d'esprit peut, au
besoin, tourner mieux que personne un compliment
flatteur, et plusieurs mots de Racine et même de Boileau en sont la preuve. Mais un courtisan saura placer
vingt fois le jour un compliment agréable. La supériorité du talent ne peut descendre à cette perfection,
et l'esprit accoutumé à penser ne s'occupe pas uniquement de plaire. Louis XIV, d'ailleurs, ne l'exigeait pas
des artistes et des gens de lettres qu'il appelait auprès
de lui : il savait goûter leur esprit, tel qu'il était et
devait être. Celui de Racine lui plaisait beaucoup ; il
lui en donna des preuves non-seulement en l'attirant
souvent à la cour, en lui accordant les entrées et un
appartement au château ; en le nommant plusieurs fois
des voyages de Marly ; en l'admettant fréquemment
dans son intimité, lors même qu'il ne recevait aucun
de ses courtisans. Tout cela pouvait n'être considéré
que comme des distinctions flatteuses ; mais ce qui
indique une préférence marquée de la part du roi,
c'est que pendant une maladie qu'eut ce prince il fit

coucher Racine dans une chambre voisine de la sienne, afin de jouir plus souvent de sa conversation. Les titres d'historiographe et de gentilhomme ordinaire n'auraient pas suffi pour obtenir ce privilége, si le roi n'avait pas senti l'agrément et même le fruit dont pouvait être pour lui la société de Racine. Ce prince avait peu lu et aimait peu la lecture ; mais Racine lisait d'une manière si agréable, que le roi voulut qu'il lui servît de lecteur ; et le poëte s'en acquitta si bien, qu'un jour en lui lisant Plutarque dans la version d'Amyot, et substituant sur-le-champ des tournures nouvelles aux phrases surannées, il fit disparaître à l'oreille du roi tout *le gaulois* que l'auditeur avait craint d'y trouver (1).

Quel que fût le désir de Racine de plaire à Louis XIV, jamais il ne se fût prêté pour y parvenir à un acte qui eût répugné à sa conscience. Voici un fait à l'appui de cette assertion.

Personne n'avait, dans son temps, un talent plus admirable pour la lecture, la récitation et la déclamation. C'est lui qui avait formé Baron et Mlle Champmêlé et en avait fait d'admirables interprètes de ses tragédies ; c'était lui, enfin, qui avait établi au théâtre le bon goût de la déclamation. Louis XIV, qui avait eu plusieurs fois l'occasion d'apprécier ce talent, fit inviter

(1) LAHARPE, *Vie de Racine,* publiée en tête de l'édition de ses Œuvres, t. Ier, p. 36.

Racine à aller donner quelques leçons de déclamation
à une princesse de la famille royale ; la personne
chargée de faire cette invitation eut soin d'ajouter que
cet acte de complaisance du poëte ferait plaisir au
roi. Racine s'empressa d'y aller ; mais quand il vit
qu'il s'agissait de faire répéter quelques passages
d'*Andromaque*, qu'on avait fait apprendre par cœur
à la jeune princesse, il se retira, et demanda en grâce
qu'on n'exigeât point de lui de pareilles leçons.
Certes, un trait semblable n'est pas d'un courtisan
dans le sens qu'on attache ordinairement à ce mot.
Du reste, le roi ne sut pas mauvais gré à Racine de
ses scrupules, et il n'eut pour lui que plus d'estime.

Il suffit d'observer avec quelques réflexions la conduite qu'il tint pendant les vingt dernières années de
sa vie, pour être convaincu que la cour ne l'avait
point rendu ambitieux, que le commerce des grands
et même les bontés de Louis XIV ne l'avaient point
enorgueilli, et que les devoirs de ses places, la reconnaissance pour un roi son bienfaiteur et l'intérêt
d'une famille nombreuse étaient les seuls liens qui
l'attachassent à la cour. On voit dans des lettres de lui,
où le cœur parle et n'a nul intérêt à tromper, que,
sans ces motifs respectables, il aurait voulu la quitter
absolument, et que, s'il eût vécu plus longtemps, sa
retraite aurait précédé celle de son ami Despréaux.
Il écrit à son fils aîné, chargé, comme nous l'avons

vu, d'une commission en Hollande : « Il y aura
« demain trois semaines que je ne suis sorti de Paris,
« à cause de mon érésipèle. Vous ne sauriez croire
« combien je me plais dans cette espèce de retraite,
« et avec quelle ardeur je demande au bon Dieu que
« vous soyez en état de vous passer de mes petits
« secours, afin que je commence un peu à me reposer
« et à mener une vie conforme à mon âge et même
« à mes inclinations. » Louis Racine, après avoir
rapporté cette lettre, ajoute en note : « C'est ce qu'il
attendait avec impatience pour se retirer de la cour. »

Né avec des inclinations douces et tendres, Racine
préférait aisément sa maison à Versailles, ses enfants
aux sociétés brillantes, et son repas domestique aux
tables des grands. Certes on ne peut pas accuser d'être
ce qu'on appelle un courtisan servile l'homme qui ne
craint pas de déplaire à Louis XIV en refusant de
donner des leçons de déclamation à une princesse, et
qui dans une autre circonstance refuse de dîner
chez un prince du sang pour rester à un repas de
famille.

Nous avons vu le commencement de la liaison de
Racine avec Mme de Maintenon, à l'époque où cette
dame n'occupait encore qu'un poste bien secondaire
à la cour, celui de gouvernante des enfants du roi.
L'un de ces enfants, le duc du Maine, donnait les

plus brillantes espérances; on parlait de lui comme
d'une petite merveille; il était plus avancé que tous
les enfants de son âge. On citait ses bons mots, on
se passait avec admiration ses petites lettres. Mme de
Maintenon, pour amuser le roi, imagina de les faire
imprimer, en y joignant, sous le titre d'*OEuvres diverses d'un auteur de sept ans*, un recueil de ses extraits d'histoire, des souvenirs de ses lectures, et
même des petites maximes composées par lui-même,
à l'imitation de celles qu'il avait lues. Elle fit précéder
ce recueil d'une lettre qu'elle adresse à la mère du
prince, en forme de dédicace, véritable chef-d'œuvre
de flatterie délicate. Cette pièce a toujours été imprimée dans le recueil des lettres de Mme de Maintenon; mais depuis longtemps déjà plusieurs savants
philologues et plusieurs critiques avaient cru y reconnaître le style de Racine. Charles Nodier, entre
autres, était de cet avis; et ce qui détermina son
opinion, c'est que dans l'exemplaire qui lui appartenait
des *OEuvres diverses d'un enfant de sept ans*, le nom de
Racine, écrit de la main même du poëte, se trouvait
au bas du deuxième madrigal, dont tout le monde
sait qu'effectivement Racine était l'auteur (1), et que

---

(1) A la suite de l'épitre dédicatoire se trouve un *Avis au lecteur*, en
quelques lignes, qui est de M. le Ragois, précepteur de M. le duc du
Maine, et quatre ou cinq madrigaux en l'honneur du duc du Maine, de
son père et de sa mère. Mme de Maintenon avait demandé ces pièces à

le nom de Mme de Maintenon se trouvait de la
même main au bas de l'épître; d'où il inférait que
Racine avait marqué de cette manière les deux pièces
qu'il avait composées, tout en mettant le nom de
Mme de Maintenon au bas de la lettre où elle parle
en son propre nom, et qui, dans l'imprimé, n'est
signé que de trois étoiles. Ce raisonnement n'était
peut-être pas très-concluant, mais aujourd'hui le
doute n'est plus permis; nous avons eu entre les
mains un exemplaire de la première édition des lettres
de Mme de Maintenon, publiée en 1753 par la Beaumelle; cet exemplaire avait appartenu à Louis Racine,
et il est annoté presque à chaque page de la main du
fils de Jean Racine. Il n'est presque pas une de ces
lettres où il ne relève quelques erreurs, ou même
des suppressions ou des additions que s'était per-
mises cet éditeur peu consciencieux. Quant à l'épître
dédicatoire en question, Louis Racine écrit en marge:
Cette épître a été en entier composée par mon père. Nous
allons donc la reproduire comme étant bien réellement
une œuvre de Jean Racine, qui désormais devra être
placée dans la collection de ses œuvres complètes:

« Madame, voici le plus jeune des auteurs qui
« vient demander votre protection pour ses ouvrages.
« Il aurait bien voulu attendre pour les mettre au

lusieurs auteurs, et entre autres à Racine, qui fit le deuxième madrigal.

« jour qu'il eût huit ans accomplis; mais il a eu peur
« qu'on ne le soupçonnât d'ingratitude, s'il était
« plus de sept ans au monde sans vous donner des
« marques publiques de sa reconnaissance.

« En effet, Madame, il vous doit une bonne partie
« de tout ce qu'il est. Quoiqu'il ait eu une naissance
« assez heureuse, et qu'il y ait peu d'auteurs que le
« Ciel ait regardés aussi favorablement que lui, il
« avoue que votre conversation a beaucoup aidé à
« perfectionner en sa personne ce que la nature avait
« commencé. S'il pense avec justesse, s'il s'exprime
« avec quelque grâce, et s'il sait déjà faire un assez
« juste discernement des hommes, ce sont autant de
« qualités qu'il a tâché de vous dérober. Pour moi,
« Madame, qui connais ses plus secrètes pensées, je
« sais avec quelle admiration il vous écoute; et je puis
« vous assurer avec vérité qu'il vous étudie beaucoup
« mieux que tous ses livres.

« Vous trouverez dans l'ouvrage que je vous pré-
« sente, quelques traits assez beaux de l'histoire
« ancienne; mais il craint que dans la foule d'événe-
« ments merveilleux qui sont arrivés de nos jours,
« vous ne soyez guère touchée de tout ce qu'il pourra
« vous apprendre des siècles passés; il craint cela, avec
« d'autant plus de raison, qu'il a éprouvé la même
« chose en lisant ses livres. Il trouve quelquefois
« étrange que les hommes se soient fait une nécessité

« d'apprendre par cœur des auteurs qui nous disent
« des choses si fort au-dessous de ce que nous
« voyons. Comment pourrait-il être frappé des vic-
« toires des Grecs et des Romains, et de tout ce que
« Florus et Justin lui racontent? Ses nourrices, dès
« le berceau, ont accoutumé ses oreilles à de plus
« grandes choses. On lui parle, comme d'un prodige,
« d'une ville que les Grecs prirent en dix ans ; il n'a
« que sept ans, et il a déjà vu chanter en France des
« *Te Deum* pour la prise de plus de cent villes.

« Tout cela, Madame, le dégoûte un peu de l'an-
« tiquité; il est fier naturellement ; je vois bien qu'il
« se croit de bonne maison, et avec quelques éloges
« qu'on lui parle d'Alexandre et de César, je ne sais
« s'il voudrait faire aucune comparaison avec les
« enfants de ces grands hommes. Je m'assure que
« vous ne désapprouverez pas en lui cette petite fierté,
« et que vous trouverez qu'il ne se connaît pas mal
« en héros. Mais vous m'avouerez aussi que je ne
« m'entends pas mal à faire des présents, et que,
« dans le dessein que j'avais de vous dédier un livre,
« je ne pouvais choisir un auteur qui vous fût plus
« agréable, ni à qui vous prissiez plus d'intérêt qu'à
« celui-ci. Je suis, Madame, votre très-humble et
« très-obéissante servante ***. »

Voici maintenant le madrigal qui se trouvait à la
suite de cette dédicace, et que tout le monde savait

être de la composition de Racine; il y fait parler le jeune duc du Maine en ces termes :

> Ne pensez pas, messieurs les beaux esprits,
> Que je veuille, par mes écrits,
> Prendre une place au temple de mémoire.
> Vous savez de qui je suis fils;
> Il me faut donc une autre gloire,
> Et des lauriers d'un plus grand prix.

Quand la plus haute faveur vint élever Mme de Maintenon à la dignité d'épouse du roi, et qu'elle jouit de tout le pouvoir d'une reine sans en avoir le titre, elle continua de montrer à Racine le même attachement qu'autrefois, et, de son côté, le poëte redoubla de zèle et de dévouement pour témoigner sa reconnaissance à sa puissante protectrice. Dans le chapitre suivant, nous allons voir Mme de Maintenon exercer assez d'empire sur Racine pour le faire revenir pendant quelque temps à la poésie et au théâtre; mais il les sanctifia l'un et l'autre par le sujet et par le motif. En perdant l'habitude des vers, il n'en avait pas perdu le talent; un repos de plus de dix ans n'avait servi qu'à donner un nouvel élan à sa verve; la piété avait encore enflammé son enthousiasme, et ses plus beaux vers sont ceux que la religion lui a inspirés.

CHAPITRE X

Mᵐᵉ de Maintenon prie Racine de lui faire une pièce pour Saint-
Cyr. — Embarras de Racine. — Conseils de Boileau. — Racine
se décide à traiter le sujet d'*Esther*. — Succès prodigieux de
cette pièce. — Empressement des courtisans à être admis aux
représentations d'*Esther*. — Noms des demoiselles qui jouèrent
dans les premières représentations. — Détracteurs d'*Esther*. —
Mᵐᵉ de Lafayette. — Compte rendu, par Mᵐᵉ de Sévigné, d'une
représentation d'*Esther*. — La critique s'éveille à l'impression
de la pièce. — Réfutation d'une calomnie de la Beaumelle sur
l'effet qu'auraient produit sur Racine les critiques d'*Esther*. —
Froid accueil que reçut *Esther* au Théâtre-Français, en 1721.

Après plus de dix ans de divorce avec la poésie,
Racine reprit enfin ses occupations jadis si chères,
charme de sa jeunesse, et sans lesquelles il s'était
imaginé longtemps ne pouvoir vivre. C'est à Mᵐᵉ de
Maintenon, comme nous l'avons dit, que nous devons
les deux dernières tragédies de Racine, deux chefs-
d'œuvre, dont la dernière a été proclamée par Voltaire lui-même, « l'ouvrage le plus approchant de
la perfection qui soit jamais sorti de la main des
hommes(1). » Cette dame, qui réunissait le goût le plus

_____

(1) Épître à Mᵐᵉ la duchesse du Maine, servant de préface à *Oreste*.

exquis à la piété la plus sincère, ne pouvait souffrir les mauvaises pièces que Mme de Brinon, première supérieure de la communauté de Saint-Cyr, composait elle-même pour exercer les demoiselles confiées à ses soins. Elle avait essayé de leur faire jouer des tragédies de Corneille et de Racine; mais la manière dont ces jeunes personnes représentèrent *Andromaque,* fit sentir à Mme de Maintenon qu'il pouvait y avoir quelque danger dans ces amusements qu'elle regardait comme si utiles. Elle écrivit à Racine : « Nos petites « filles viennent de jouer votre *Andromaque,* et l'ont « si bien jouée qu'elles ne la joueront de leur vie. » Il était sans doute bien étrange que dans une communauté religieuse, dans une maison d'éducation, on fît jouer à des demoiselles les pièces de Racine, tandis que Racine lui-même se faisait un devoir religieux de les oublier : *Andromaque* surtout, la plus passionnée de ses tragédies, était un choix très-malheureux. Il faut mettre ces inconséquences sur le compte de Mme de Brinon, femme vaine, étourdie, quoiqu'elle eût passé l'âge de l'être, qui avait porté dans la dévotion la frivolité de son caractère et l'esprit du monde.

C'était une ancienne religieuse ursuline. Mme de Maintenon, qui l'avait connue à Montchevréuil, la jugea fort capable de gouverner la communauté de Saint-Cyr; elle la consulta pour les règlements qui furent faits pour cette maison. Une grande facilité d'écrire et de parler, un ton persuasif, avaient fait une réputation à Mme de Brinon. Elle composait de beaux sermons, des exhortations fort éloquentes, et tous les dimanches débitait des prônes et des explications de l'Évangile, dignes des plus fameux prédicateurs. Cependant je ne sais comment elle avait plu à Mme de Maintenon, si sensée, si raisonnable, si solide, si ennemie d'un vain éclat. Sa faveur ne fut pas de longue durée : Mme de Maintenon, fatiguée de ses intrigues et de son humeur hautaine, la renvoya avec une pension, un mois avant la première représentation d'*Esther*. Pardonnons à Mme de Brinon ses drames pitoyables, puisqu'ils ont été remplacés par *Esther* et *Athalie ;* jamais mauvais ouvrages n'ont produit d'aussi bons effets.

C'est encore une question de savoir si des représentations théâtrales sont utiles à l'éducation de la jeunesse, surtout des jeunes personnes, et s'il n'en résulte pas pour celles-ci plus de dissipation que de véritable profit. Mme de Maintenon, qui voyait ces exercices dramatiques en usage dans tous les colléges des jésuites, s'était laissée persuader que de tels amusements convenaient à Saint-Cyr ; qu'ils pouvaient donner de la grâce et de la tenue aux demoiselles, cultiver leur mémoire, leur apprendre à bien prononcer. Dégoûtées des productions de Mme de Brinon, et craignant la mauvaise morale répandue dans nos meilleurs

vers, elle s'adressa à Racine, et lui demanda un ouvrage
dramatique assez religieux pour former le cœur de ses
pensionnaires, assez bien fait pour ne pas leur gâter
l'esprit et le goût. Cette proposition alarma d'abord
Racine : refuser Mme de Maintenon, cela n'était pas
possible à un courtisan; accepter une commission
si délicate, c'était risquer sa réputation poétique, à
laquelle il tenait encore, malgré son abnégation chrétienne. Il alla consulter son oracle, son ami Despréaux,
qui décida brusquement qu'il fallait refuser : conseil
trop sévère pour la délicatesse de Racine. Enfin, après
y avoir bien rêvé, il trouva dans l'histoire d'*Esther*
un accommodement heureux. Despréaux lui-même,
enchanté d'un sujet si favorable, exhorta son ami à le
traiter; et Racine sut en tirer des beautés que Boileau
peut-être n'y avait pas aperçues. Il employa près d'un
an à composer cet ouvrage, après en avoir toutefois
soumis le plan et une partie du premier acte à Mme de
Maintenon, qui en fut charmée. Cette pièce fut représentée à Saint-Cyr, pour la première fois, le 20 janvier 1689, avec un succès prodigieux.

La poésie dramatique n'a point d'époque plus glo-
rieuse et plus brillante. Si, dans le cours de ses pros-
pérités littéraires, Racine avait quelquefois éprouvé
des injustices et des mortifications cruelles, il faut
convenir qu'il fut dédommagé et consolé à Saint-Cyr
par les honneurs les plus capables de flatter le noble

orgueil d'un poëte délicat et sensible. Après avoir
porté l'art dramatique au plus haut degré, il restait à
Racine de réconcilier le théâtre avec la religion et avec
les mœurs. Le berceau de notre scène avait été déshonoré par des farces religieuses ; Racine vengeait de cet
affront la religion et la scène, par un chef-d'œuvre
tiré de la Bible.

Esther n'était point faite pour des tréteaux publics,
pour des comédiens mercenaires. C'est dans une maison
religieuse que cette tragédie, d'une espèce nouvelle,
fut représentée par de jeunes demoiselles d'un sang
noble, que l'auteur avait formées lui-même à la déclamation. Il eut pour auditeurs le roi, la cour, les
prélats, les magistrats, et tout ce que Paris et Versailles avaient de plus distingué dans les deux sexes
par le rang, l'esprit et les lumières. Le roi, revenant
de la chasse, assista à la première représentation, et
n'y admit que les principaux officiers qui l'avaient
suivi. A son souper, il parla beaucoup d'*Esther*, et témoigna combien ce spectacle lui avait plu : ce qui
excita vivement la curiosité de Monseigneur (le Dau-
phin), de Monsieur (le frère du roi), et de tous les
princes. Ils se rendirent avec empressement à la seconde représentation, qui fut encore plus brillante et
plus applaudie que la première.

Après avoir satisfait la famille royale et les plus
grands seigneurs de la cour, Mme de Maintenon destina

la troisième représentation d'*Esther* au père la Chaise, confesseur du roi, à quelques prélats et à plusieurs jésuites. Mme de Miramion, avec l'élite de ses religieuses, augmenta le nombre des élus. « Aujourd'hui, « dit Mme de Maintenon, on ne jouera que pour les « saints. » L'intention de Mme de Maintenon était de se fortifier, par des suffrages aussi respectables, contre les scrupules des dévots et des jansénistes, qui auraient pu être tentés de blâmer cet amusement comme profane et mondain.

Les courtisans furent ensuite admis à rendre leurs hommages à *Esther*. Il n'y avait que deux cents places à donner, et la foule des aspirants était immense. Mme de Maintenon, accablée de toutes parts de sollicitations, gémissait d'être obligée de faire, pour un heureux, beaucoup de mécontents. Chacun briguait la permission de voir *Esther* comme une faveur insigne. Les courtisans demandaient *Esther* comme ils demandaient *Marly*. Une comédie de couvent devint l'affaire la plus sérieuse de la cour. Les ministres abandonnèrent leurs occupations les plus importantes pour aller voir *Esther*. M. de Pomponne, alors disgracié, ayant été invité à ce spectacle, on jugea par là que le roi lui rendait ses faveurs. Le maréchal d'Estrées, accusé de ne point avoir loué *Esther*, se crut obligé de justifier son silence pour ne pas perdre son crédit. Le roi faisait une liste, comme pour les voyages de

Marly. Il entrait, dit-on, le premier, et demeurait à la porte, tenant la feuille d'une main, et de l'autre levant sa canne, comme pour former une barrière. Il y restait jusqu'à ce que tous ceux qui étaient inscrits fussent entrés.

Ainsi c'était le monarque lui-même qui présidait à ces assemblées, et qui en faisait les honneurs. Toujours plein d'égards et de politesse pour les dames, il s'occupait du soin de les faire placer, et maintenait l'ordre partout, par le respect qu'inspirait sa présence; lui-même allait recueillir les opinions et les suffrages et ne dissimulait point son estime pour l'auteur. Ces représentations étaient autant de fêtes dont Racine était l'âme. C'était pour jouir du génie et de l'éloquence de Racine, que l'élite de la cour et de la ville se rassemblait à Saint-Cyr. Jamais poëte ne fut comblé de plus de gloire, et n'en fut plus digne.

La plus sévère modestie régnait dans ce spectacle religieux : la galanterie mondaine en était bannie; la beauté des actrices n'excitait point d'éloges profanes; on respectait, on admirait l'innocence et la candeur de ces anges qui semblaient chanter les louanges de Dieu en jouant la comédie. Le roi donnait lui-même l'exemple de cette décence.

On a conservé le nom des jeunes demoiselles qui remplirent les rôles. Mlle de Veillane, distinguée par sa beauté et ses grâces, fut chargée du rôle d'*Esther*. On confia celui de Mardochée à Mlle de Glapion, qui depuis fut supérieure de la communauté de Saint-Cyr. Mlle d'Abancour représentait Aman, et Mlle de Lallie, Assuérus. Ce dernier rôle fut ensuite donné à Mme de Caylus, nièce de Mme de Maintenon. « Pendant les apprêts de ce divertissement, dit Mme de Caylus (1) dans ses Mémoires ou plutôt dans ses *Souvenirs,* il n'avait point été question de moi, et l'on n'imaginait pas que je dusse y jouer un rôle. Mais, me trouvant présente aux récits que M. Racine venait faire à Mme de Maintenon de chaque scène à mesure qu'il les composait, j'en retenais des vers; et comme j'en récitais un jour à M. Racine, il en fut si content qu'il demanda en grâce à Mme de Maintenon de m'ordonner de faire un personnage; ce qu'elle fit. Mais je n'en voulus point de ceux qu'on avait déjà destinés; ce qui l'obligea de faire pour moi le *Prologue de la Piété.* Cependant, ayant appris, à force de les entendre, tous les autres rôles, je les jouai successivement, à mesure qu'une des actrices se trouvait incommodée;

(1) Mlle de Valois-Villette de Murçay, comtesse de Caylus, nièce de Mme de Maintenon, était mariée depuis deux ans, quoiqu'à peine âgée de seize ans, quand elle joua dans *Esther.* Elle a été la mère du savant comte de Caylus. Elle a écrit, en 1728, ses *Souvenirs,* qui ont été imprimés pour la première fois en 1770. Voltaire, qui l'a connue, dit dans ses notes à propos des représentations d'*Esther :* « Mme de Caylus est la dernière qui ait conservé la déclamation de Racine; elle récitait admirablement la première scène d'*Esther;* elle disait que Mme de Maintenon la lisait aussi d'une manière fort touchante. »

car on représenta *Esther* tout l'hiver ; et cette pièce, qui devait être renfermée dans Saint-Cyr, fut vue plusieurs fois du roi et de toute la cour, toujours avec les mêmes applaudissements. »

La musique des chœurs fut faite par Moreau ; elle fut trouvée très-bonne alors : on en jugerait aujourd'hui tout autrement. Quant à la déclamation, ce fut Racine lui-même qui forma les jeunes actrices. « Pour cette raison, dit Louis Racine dans ses Mémoires, il était tous les jours, par ordre de Mme de Maintenon, dans la maison de Saint-Cyr ; et les souvenirs qu'il y a laissés par la douceur de ses manières et la simplicité de ses mœurs, font que sa mémoire y est encore chérie et respectée. » Plus de soixante ans après cette époque, les dames qui en avaient été témoins parlaient encore de Racine avec attendrissement, et disaient à Louis Racine : « Vous êtes fils d'un homme qui avait un grand génie et une grande simplicité. »

Malgré l'enthousiasme général qu'excita *Esther*, cette pièce ne laissa pas que d'avoir des détracteurs. Mme de la Fayette, femme de beaucoup d'esprit, espèce de philosophe, ne partagea point l'admiration universelle. Elle n'aimait pas Mme de Maintenon. Cette aversion, jointe à l'orgueil de contredire le sentiment de la cour, l'empêcha d'être juste envers Racine. Elle n'attribua cette grande admiration pour *Esther* qu'à là faveur dont jouissait Mme de Maintenon; elle ne vit dans les applaudissements prodigués à ce chef-d'œuvre dramatique, que des flatteries de courtisans. Les allusions que fournissaient les personnages lui parurent avoir plus de part au succès que les vers de Racine. En un mot, elle ne regarda *Esther* que comme « un petit divertissement fort agréable pour « les petites filles de Mme de Maintenon. Mais comme « le prix des choses dépend ordinairement des per- « sonnes qui les font ou qui les font faire, la place « qu'occupe Mme de Maintenon fit dire à tous les « gens qu'elle y mena, que jamais il n'y avait eu rien « de plus charmant; que la comédie était supérieure « à tout ce qui s'était jamais fait en ce genre-là; et « que les actrices, même celles transformées en ac- « teurs, jetaient de la poudre aux yeux de Mlle Champ- « mêlé, de Mlle Raisin, de Baron et de Montfleury. « Le moyen de résister à tant de louanges!... Mme de « Maintenon était flattée de l'invention et de l'exécu- « tion. La comédie représentait en quelque sorte la « chute de Mme de Montespan et l'élévation de Mme de « Maintenon : toute la différence fut qu'Esther était « un peu plus jeune et moins précieuse en fait de « piété. L'application qu'on lui faisait du caractère « d'Esther, et celle de Vasthi à Mme de Montespan, « fit qu'elle ne fut pas fâchée de rendre public un di- « vertissement qui n'avait été fait que pour la com-

« munauté et quelques-unes de ses amies particu-
« lières. »

Mᵐᵉ de Sévigné, moins ennemie de la cour, mais
cependant peu sympathique à Racine, n'imita point
l'injustice et la malignité de Mᵐᵉ de la Fayette : elle
se livra plus franchement à l'enchantement universel
que produisait un spectacle délicieux et unique en son
genre. Rien n'est plus curieux et plus intéressant que
le compte qu'elle rend elle-même d'une représenta·
tion d'*Esther* à laquelle elle assista, et dont elle revint enivrée de plaisir et d'admiration; cet enthousiasme se fait bien sentir dans son récit :

« L'autre jour, écrit-elle à sa fille, je fis ma cour à
« Saint-Cyr, plus agréablement que je n'eusse jamais
« pensé. Nous y allâmes samedi (19 février 1689),
« Mᵐᵉ de Coulanges, Mᵐᵉ de Bagnols, l'abbé Têtu et
« moi. Nous trouvâmes nos places gardées. Un officier
« dit à Mᵐᵉ de Coulanges que Mᵐᵉ de Maintenon lui
« faisait garder un siége auprès d'elle : vous voyez
« quel honneur ! *Pour vous, Madame,* me dit-il,
« *vous pouvez choisir.* Je me mis avec Mᵐᵉ de Bagnols
« au second banc, derrière les duchesses. Le maréchal
« de Bellefond vint se mettre, par choix, à mon côté
« droit; et devant c'étaient Mᵐᵉˢ d'Auvergne, de
« Coislin et de Sully. Nous écoutâmes, le maréchal
« et moi, cette tragédie avec une attention qui fut re-
« marquée, et de certaines louanges sourdes et bien

« placées. Je ne puis vous dire l'excès de l'agrément
« de cette pièce : c'est une chose qui n'est pas aisée à
« représenter, et qui ne sera jamais imitée; c'est un
« rapport de la musique, des vers, des chants, des
« personnes, si parfait et si complet, qu'on n'y sou-
« haite rien; les filles qui font des rois et des person-
« nages sont faites exprès; on est attentif, on n'a point
« d'autre peine que celle de voir finir une si aimable
« tragédie; tout y est simple, tout y est innocent,
« tout y est sublime et touchant; cette fidélité de
« l'Histoire sainte donne du respect; tous les chants
« convenables aux paroles, qui sont tirées des Psaumes
« ou de la Sagesse, et mis dans le sujet, sont d'une
« beauté singulière : la mesure de l'approbation qu'on
« donne à cette pièce, c'est celle du goût et de l'at-
« tention. J'en fus charmée, et le maréchal aussi, qui
« sortit de sa place pour aller dire au roi combien
« il était content, et qu'il était auprès d'une dame
« qui était bien digne d'avoir vu *Esther*. Le roi vint
« vers nos places; et après avoir tourné, il s'adressa
« à moi et me dit : « Madame, je suis assuré que vous
« avez été contente. » Moi, sans m'étonner, je ré-
« pondis : « Sire, je suis charmée, ce que je sens est
« au-dessus des paroles. » Le roi me dit : « Racine
« a bien de l'esprit. » Je lui dis : « Sire, il en a beau-
« coup; mais en vérité ces jeunes personnes en ont
« beaucoup aussi : elles entrent dans le sujet comme

« si elles n'avaient jamais fait autre chose.—Ah! pour
« cela, reprit-il, il est vrai!» Et puis Sa Majesté
« s'en alla et me laissa l'objet de l'envie: comme il n'y
« avait quasi que moi de nouvelle venue, le roi eut
« quelque plaisir de voir mes sincères admirations
« sans bruit et sans éclat. M. le prince (1) et Mme la
« princesse vinrent me dire un mot; Mme de Main-
« tenon un éclair; elle s'en allait avec le roi. Je ré-
« pondis à tout, car j'étais en fortune... M. de Meaux
« me parla fort de vous, M. le prince aussi. Je vous
« plaignis de n'être pas là; mais le moyen? On ne
« peut pas être partout: vous étiez à votre opéra de
« Marseille.» (Lettre à Mme de Grignan, 21 février
1689.)

Cet enthoüsiasme vrai de Mme de Sévigné pour un
chef-d'œuvre de poésie et de sentiment tel qu'*Esther*; cette espèce d'ivresse que lui cause la réunion de
ce qu'il y a de plus brillant et de plus poli en France;
la présence du plus grand roi de l'Europe; cet abandon si franc, si naturel, est bien plus aimable que le
ton frondeur et chagrin de Mme de la Fayette, qui
n'est autre chose que l'orgueil déguisé, l'envie et la
vanité humiliée. La fin de la lettre est remarquable
et précieuse, parce qu'on peut en conclure que M. de
Meaux, le sévère et imposant Bossuet, avait assisté à

---

(1) Le prince de Condé, celui qui, du vivant de son père, s'appelait
M. le duc.

la tragédie d'*Esther* le même jour que Mme de Sévigné.

Mme de Maintenon fût très-flattée de l'application qu'on lui faisait de ce personnage d'Esther, et Boileau lui fit bien sa cour, lorsque dans sa satire des Femmes, imprimée en 1692, il la peignit sous les traits de cette illustre épouse d'Assuérus :

> J'en sais une chérie et du monde et de Dieu,
> Humble dans les grandeurs, sage dans la fortune,
> Qui gémit, comme Esther, de sa gloire importune...

Le carême de 1689 interrompit les représentations d'*Esther*. On les reprit le 5 janvier de l'année suivante ; et cette pièce eut encore dans le cours du mois cinq représentations aussi brillantes que les premières. Dès qu'elle parut imprimée, la critique s'éveilla ; un succès si éclatant avait excité la jalousie, et les beaux esprits de la ville se firent un plaisir malin de rabaisser cet objet de l'enthousiasme et de l'admiration de la cour. Parmi les contes dont la Beaumelle a rempli ses prétendus *Mémoires de Mme Maintenon,* on peut remarquer celui qu'il fait au sujet des critiques d'*Esther*, et de la peine qu'elles causèrent à l'auteur. « Pourquoi, disait Racine, pourquoi m'y suis-je « exposé? Pourquoi m'a-t-on détourné de me faire « chartreux? je serais bien plus tranquille. » Puis la Beaumelle ajoute : « Mille louis le consolèrent. » Il est à observer que les mille louis que Racine reçut de la cassette du roi, dernière gratification qu'il ait touchée, lui ont été payés le 24 avril 1688, un an avant la re-présentation d'*Esther*. Quant à ce mot : *Que ne me suis-je fait chartreux !* il est vrai qu'il était échappé à Racine, comme nous l'avons dit ailleurs; mais dans quel moment ! C'était au milieu des angoisses d'un cœur paternel, lorsqu'il avait sous les yeux un de ses enfants en danger de perdre la vie. C'est ce mot tou-chant, ce cri d'une douleur respectable, qui est in-dignement travesti en une basse et puérile saillie d'amour-propre.

Cette *Esther*, qui avait triomphé à Saint-Cyr avec tant d'éclat, reçut trente ans après le plus froid accueil sur le théâtre de Paris. Il ne faut pas être surpris que la Comédie-Française ait osé toucher à cet ouvrage, qui devait être sacré pour elle, d'après la défense expresse, insérée dans le privilége, *à tous acteurs et autres montans sur les théâtres publics, d'y représenter ni chanter ledit ouvrage.* La défense est du 3 février 1689; et en 1721, époque de la reprise d'*Esther*, on ne s'embarrassait pas beaucoup de ce que Louis XIV avait pu défendre et ordonner en 1689. On avait bien cassé le testament du monarque le plus absolu de l'Europe; comment aurait-on respecté davantage le privilége d'*Esther?*

Dans la première effervescence de la nouvelle phi-losophie qui se manifesta sous la Régence, on se fit même un amusement de cette espèce de sacrilége : on prit plaisir à prostituer, pour ainsi dire, la vertueuse fille de Mardochée, si chère à Louis XIV et à Mme de Maintenon, en la livrant aux comédiens, et en l'exposant, sur un théâtre public, aux dédains et aux railleries du penple (1).

(1) GEOFFROY, dans ses commentaires sur Racine, *passim.*

CHAPITRE XI

Athalie. — Motifs qui déterminèrent Racine à composer cette pièce. — Cabales pour en empêcher la représentation. — Mme de Maintenon se décide malgré elle à ne pas faire jouer la pièce à Saint-Cyr. — Elle est jouée seulement deux fois dans les appartements de Versailles, sans costumes ni décorations. — Succès qu'elle y obtint. — Racine fait imprimer *Athalie.* — Indifférence du public. — Épigramme attribuée à Fontenelle. — Racine est péniblement affecté de la froideur du public pour cette œuvre. — Le mérite de cette pièce n'est reconnu qu'après la mort de Racine. — Anecdote à ce sujet. — Son invraisemblance. — Véritable cause de la réaction opérée dans l'opinion en faveur d'*Athalie.* — Représentation d'*Athalie* par les seigneurs de la cour. — Le régent la fait jouer en 1717 sur le Théâtre-Français. — Ses motifs. — Succès de la pièce. — Opinion de Mme de Caylus sur cette représentation. — Mécontentement de Mme de Maintenon. — *Athalie* ne procure à Racine et à sa famille que de la gloire sans profit. — Appréciation d'*Esther* et d'*Athalie.*

«Les applaudissements que sa tragédie avait reçus, dit Louis Racine en parlant d'*Esther,* ne l'empêchaient pas de reconnaître que ce sujet n'était pas dans toute la grandeur du poëme dramatique.» Peut-être aussi, comme l'observe Laharpe, fut-il sensible aux critiques faites contre *Esther* après l'impression de cette pièce, qu'il n'avait pas destinée à subir le juge-

ment du public. Peut-être voulut-il faire voir à ses critiques que, sans employer l'amour, sans recourir aux fictions de la mythologie, en puisant seulement dans les livres saints, et en respectant religieusement une histoire qu'il n'était pas permis d'altérer, il pouvait créer une action tout aussi pleine de chaleur et d'intérêt qu'aucune de celles dont il avait enrichi la scène. A tout autre que Racine une telle entreprise eût paru chimérique ; et si elle n'eût été exécutée par son génie, qui de nous oserait aujourd'hui la croire possible ? Il ne faut donc pas s'étonner des doutes que témoignait à cet égard Mme de Sévigné. « Il aura,
« disait-elle, de la peine à faire jamais quelque chose
« d'aussi agréable : car il n'y a plus d'histoire comme
« celle-là ; c'était un hasard et un assortiment de
« toutes choses qui ne se retrouvera peut-être ja-
« mais : car Judith, Booz et Ruth ne sauraient rien
« faire de si beau. Racine a pourtant bien de l'es-
« prit : il faut espérer. »

Racine, qui avait d'autres yeux que ceux de Mme de Sévigné, découvrit dans l'Écriture ce qu'on désespérait qu'il y pût trouver. Le IVe livre des Rois lui offrit un des plus beaux sujets qui jamais aient été traités par aucun poëte tragique. Mais ce trait si précieux de l'histoire juive ne pouvait être aperçu et saisi que par le génie capable de le développer et de le mettre en œuvre ; il demandait beaucoup plus d'in-

6*

vention et d'art que celui d'*Esther*, pour être heureusement accommodé au théâtre.

Racine travailla sans perdre de temps à sa nouvelle pièce, qui avait pour titre *Athalie*, et qui devait être représentée à Saint-Cyr au mois de janvier 1691. Il mettait la dernière main à son plus beau chef-d'œuvre, qui devait être pour lui une source de chagrins et d'amertumes, tandis que d'austères moralistes, des ennemis de Racine, des envieux, cabalaient sourdement, mais activement, pour arrêter l'exécution du nouveau spectacle qui se préparait à Saint-Cyr. Ces casuistes rigides, à la tête desquels étaient Hébert, curé de Versailles, Godet-des-Marais, évêque de Chartres, personnages qui jouissaient d'une grande réputation de vertu, se plaignaient qu'on eût converti une communauté religieuse en théâtre, et qu'on eût exposé aux regards de la ville et de la cour de jeunes pensionnaires déguisées en actrices. De leur part ces plaintes étaient faites de bonne foi ; mais ils servaient, sans le savoir, d'instrument aux passions d'une foule de courtisans, qu'une secrète haine animait contre Racine, que sa gloire humiliait, et qui s'alarmaient de sa faveur auprès de Mme de Maintenon. On s'efforçait de jeter dans l'esprit du roi des soupçons dont il n'était que trop susceptible ; on faisait circuler des lettres anonymes ; on insinuait adroitement l'accusation de jansénisme, alors le crime de ceux qui n'en avaient pas. Il n'était pas difficile à des hommes de cour de rendre suspectes les liaisons connues de Racine avec les chefs de Port-Royal.

Assez puissante pour braver ces vaines clameurs et pour déconcerter ces petites intrigues, Mme de Maintenon se croyait assez sûre de la pureté de ses intentions, et pouvait s'appuyer de suffrages assez illustres pour n'avoir aucun scrupule capable d'alarmer sa conscience. Rien ne la forçait à faire le sacrifice de son opinion et d'un amusement qui lui paraissait très-innocent, à des censeurs dont elle n'approuvait pas intérieurement l'excessive sévérité; mais le malheur l'avait habituée dès son enfance à souffrir les plus cruelles contrariétés, à immoler ses goûts, ses penchants les plus honnêtes, à des convenances sociales, à l'apparence même de la raison. Elle avait porté jusque dans le rang suprême cette circonspection, cette réserve, cette prudence timide et cette crainte de déplaire qui l'ont constamment maintenue dans l'intimité d'un monarque fier, ombrageux, jaloux de son autorité : la femme la plus raisonnable était la seule qui pût lui convenir.

Mme de Maintenon prit donc le parti de céder à ce prétexte de religion, alors si spécieux et si imposant, à ce langage de la piété, dont tous les esprits étaient alors si vivement frappés à la cour comme à la ville. Si elle n'eût consulté que l'orgueil et le dépit, elle

eût trouvé le moyen d'imposer silence à ces fron-
deurs téméraires; elle ne prit conseil que de la modestie et de la sagesse : elle jugea qu'il valait mieux
apaiser les mécontents par sa condescendance que de
les irriter par une résistance qui aurait l'air d'une per-
sécution. Elle résolut de supprimer cette année-là les
spectacles de Saint-Cyr; et lorsque Racine eut achevé
Athalie, cette tragédie ne trouva point de théâtre où
elle pût être représentée. Tout ce que Mme de Maintenon crut devoir accorder à l'homme qui lui donnait cette nouvelle preuve de son dévouement et de
son zèle, fut que les demoiselles de Saint-Cyr, avec
les habits ordinaires de la communauté, joueraient
dans sa chambre cette tragédie en présence du roi.

Athalie, dépouillée du prestige du théâtre, des
décorations et des costumes, plut beaucoup à des
spectateurs faits pour en sentir tout le mérite. On en
donna une seconde représentation, qui n'eut pas plus
de pompe. Racine se contenta des suffrages du roi, de
Mme de Maintenon, et de quelques princes et seigneurs de la cour, admis à ce spectacle domestique;
il se consola de l'espèce d'obscurité d'un pareil succès,
et se flatta que l'impression répandrait avec éclat dans
le public le mérite de son ouvrage. Mais ses ennemis
avaient pris les devants, et avaient, pour ainsi dire,
fermé le passage à la renommée; partout ils avaient
semé le bruit qu'*Athalie*, fort inférieure à *Esther*,

était une pièce dont les principaux personnages étaient
un enfant et un prêtré, et qui par conséquent ne
poùvait être lue avec plaisir que par des prêtres et
des enfants. La bonne compagnie, trop facile à sé-
duire, n'eut pas même la curiosité de juger par elle-
même jusqu'à quel point ces bruits étaient fondés.
Le goût des lettres n'était pas alors aussi répandu qu'il
l'a été plus tard ; on ne faisait pas de cet amusement
une affaire aussi importante ; les gens d'Église lisaient
peu de vers et de tragédies ; et les gens du monde
étaient, pour ainsi dire, rassasiés de lectures de piété.
Plus la cour était dévote, plus les coùrtisans étaient
dégoûtés de la dévotion, et plus la littérature profane, j'allais presque dire licencieuse, avait pour eux
de charmes. Il s'était formé un préjugé contre les
tragédies tirées de la Bible ; ainsi *Athalie,* lorsqu'elle
parut imprimée en 1691, ne reçut qu'un froid accueil, et ne fit qu'une très-médiocre sensation.

Il n'y a point d'exemples aussi frappants des effets
de la prévention ; et ce fait, quelque notoire, quelque
attesté qu'il soit, n'en paraît pas moins aujourd'hui
fort extraordinaire et tout à fait incroyable. Qu'un
poëte de notre temps, jouissant d'une certaine célé-
brité, donne au public quelque ouvrage, même peu
digne de lui, son nom seul le soutient : les éditeurs le
paient au poids de l'or, le public se l'arrache ; en un
instant l'édition est épuisée ; et l'auteur de tant de

pièces excellentes, le prince de notre scène, le plus
grand poëte de la France, Racine, en un mot, fait
imprimer la plus admirable de ses tragédies, prodige
de poésie et d'éloquence, chef-d'œuvre du théâtre et
de l'esprit humain, et le public ne daigne seulement
pas la lire; elle est reléguée dans la poussière d'une
boutique, et confondue parmi les misérables rap-
sodies des écrivains les plus infortunés!...

A la honte de la littérature, à la honte de l'esprit
humain et de la philosophie, il se trouva des gens de
lettres, des hommes d'esprit et des philosophes qui
non-seulement méconnurent les beautés supérieures
d'*Athalie,* mais qui même osèrent souiller cette œuvre
immortelle par des satires grossières. Il courut dans
le temps une épigramme, ou un couplet de chanson,
qu'on a généralement attribué à Fontenelle. Le voici
tel qu'il s'est retrouvé dans un recueil manuscrit fait
par un contemporain, et qu'il a été imprimé pour la
première fois dans les *additions* faites par les éditeurs
à l'édition des œuvres de Racine publiées par Laharpe,
en 1807 :

> Pour expier ces tragédies,
> Racine fait des psalmodies
> En style de *Pater noster.*
> Moins il peut émouvoir et plaire,
> Plus l'œuvre lui semble exemplaire;
> Mais pour nous donner pis qu'*Esther,*
> Comment Racine a-t-il pu faire ?

Cette épigramme, dépourvue de sel, et remarquable seulement par la richesse des rimes, sorte de
mérite frivole qu'on recherchait beaucoup alors, eut
cependant une grande vogue, et acheva de détermi-
ner la prévention défavorable qui s'était élevée contre
Athalie.

Athalie était une des pièces que Racine avait tra-
vaillées avec le plus de satisfaction, et qu'il avait
regardées avec le plus de complaisance. La froideur,
le dédain même du public pour cet ouvrage, l'affec-
tèrent péniblement. Peu s'en fallut qu'il ne s'imaginât
que, comme Corneille, il avait survécu à son génie,
et que son goût, affaibli par l'âge, l'avait aveuglé sur
le mérite de sa dernière production. Vainement Boileau, seul contre tous, Boileau dont l'opinion devait
être pour son ami le jugement même de la postérité,
ne cessait de lui répéter : « *Athalie* est votre meilleur
ouvrage; le public y reviendra. » Cette idée amère et
décourageante le suivit jusqu'au tombeau. L'auteur
d'*Athalie* ne vit dans la plus parfaite des tragédies
qu'un avertissement de la décadence prochaine de
son talent, et pour jamais il renonça à la poésie.

Racine était mort depuis deux ans, quand le public
commença à ouvrir les yeux sur le mérite d'*Athalie.*
Les compilateurs d'anecdotes littéraires ont expliqué
cette réaction de l'opinion par une historiette qu'a-
doptèrent sans examen des gens de lettres distingués.

Voici cette anecdote, telle qu'on la répète encore aujourd'hui.

Dans une campagne, près de Paris, où étaient réunies plusieurs personnes de distinction, la compagnie s'amusait un soir à ces petits jeux de société où l'on établit des pénitences, et un jeune homme ayant failli, quelqu'un proposa de lui imposer pour punition d'aller lire dans un cabinet un acte entier d'*Athalie*. On applaudit à cette idée, et le coupable fut obligé de se soumettre à une peine qui lui semblait fort dure. Au bout de quelque temps, la compagnie fut très-surprise de ne le pas voir reparaître. Nouvelle matière à plaisanterie : on prétendit qu'il n'avait pu résister au froid et à l'ennui de la pièce, et que pour le moins il était tombé dans un profond assoupissement. On entre dans le cabinet, et l'on trouve le jeune homme tellement attaché à la lecture, qu'il avait oublié tout le reste. Il avait lu la pièce entière, et il la recommençait. Il en parla avec tant d'enthousiasme, qu'il persuada à la société d'en entendre elle-même la lecture, et il n'eut pas de peine à faire partager à tous le plaisir et l'admiration qu'il avait éprouvés. Le bruit de cette aventure se répandit, et tout le monde se mit à lire *Athalie*.

Cette historiette, quoique adoptée par Voltaire et après lui par Laharpe, mais sans citer aucune autorité en garantie, nous paraît invraisemblable, et nous pensons qu'*Athalie* a pu reprendre enfin son rang par une voie plus simple et plus naturelle. La mort de Racine avait désarmé la plûpart de ses envieux et de ses ennemis; Boileau, toujours zélé pour la gloire de son ami, a dû finir par se faire écouter; d'un autre côté, Mme de Maintenon, qui avait toujours senti et admiré les beautés de cette pièce, voulut la faire jouer devant le roi dans l'hiver de 1702. La jeune duchesse de Bourgogne, par ses grâces et son aimable enjouement, semblait alors avoir rajeuni la cour de Louis XIV, et l'on cherchait à varier les fêtes dont cette princesse était l'âme et le principal objet. La pièce devait être jouée, non par les demoiselles de Saint-Cyr, mais par les seigneurs et les dames de la cour. La distribution des rôles fut pour Mme de Maintenon une source d'embarras et de chagrins; elle se plaint de ces tracasseries dans une lettre adressée au comte d'Ayen, depuis maréchal de Noailles, à qui elle avait marié une de ses nièces : « Voilà donc, dit-elle, *Athalie* encore « tombée! Le malheur poursuit tout ce que je protége « et que j'aime Mme la duchesse de Bourgogne m'a dit « qu'elle ne réussirait pas; que c'était une pièce fort « froide; que Racine s'en était repenti; que j'étais la « seule qui l'estimait, et mille autre choses qui m'ont « fait pénétrer, par la connaissance que j'ai de cette « cour-là, que son personnage lui déplaît. Elle veut « jouer Josabeth, qu'elle ne jouera pas comme la com-

« tesse d'Ayen... Jouons-la, puisque nous y sommes
« engagés; mais, en vérité, il n'est point agréable de
« se mêler des plaisirs des grands. »

On la joua, en effet, trois fois, et avec succès. La
duchesse de Bourgogne, comme elle le désirait, rem-
plit le rôle de Josabeth; le duc d'Orléans, depuis
régent, celui d'Abner; la présidente de Chailly fut
admirable dans le personnage d'Athalie, le comte de
Lesparre, second fils de M. le comte de Guiche, fit
Joas, et M. le comte de Champeron, Zacharie. On
daigna admettre dans une société aussi illustre le
comédien Baron, alors retiré du théâtre; il fut chargé
du rôle du grand prêtre Joad, et la vanité connue de
cet acteur dut être flattée de jouer en si bonne compagnie. La pièce eut alors trois représentations brillantes, accompagnées du spectacle et des chœurs,
qui furent exécutés par les demoiselles de la musique
du roi.

Ce succès releva un peu *Athalie;* mais sa réputation
ne se rétablit tout à fait que lorsqu'elle parut au
Théâtre-Français, le 3 mars 1716, dix-sept ans après
la mort de l'auteur. Le privilège accordé à Racine,
en 1691, pour l'impression de cette tragédie, portait
une défense expresse à tous acteurs de la représenter
sur la scène. Le régent n'y eut aucun égard; les éloges
que plusieurs connaisseurs lui firent de cette tragédie
où il avait joué un rôle, le déterminèrent à donner

des ordres pour qu'elle fût représentée sur le théâtre
de Paris; ou plutôt ces éloges ne furent qu'un prétexte qui cachait un motif plus important : le régent
voulait faire sa cour à Louis XV, alors âgé de six ans.
Il ne doutait pas que le jeune prince ne fût extrêmement flatté de l'application que le public ne manque-
rait pas de lui faire du personnage de Joas, enfant à
peu près de son âge. Il y avait, en effet, quelque rapport
entre leurs destinées : Louis XV, de même que Joas,
mais non pas de la même manière, avait échappé à la
mort qui avait moissonné toute sa famille. Le duc
d'Orléans, qui, malgré tous ses vices, ne manquait ni
de noblesse ni de générosité, sentait lui-même cette
application d'autant plus vivement, qu'il se rappe-
lait encore les noires calomnies dont à cette occasion
quelques courtisans l'avaient flétri.

La cour, pour plaire au régent, s'empressa d'ap-
plaudir *Athalie;* et la ville se fit honneur de suivre
l'impulsion de la cour. Cette circonstance, jointe à la
nature de la pièce, qui a plus de pompe, de mouvement théâtral, plus d'action qu'*Esther*, influa consi-
dérablement sur le succès, malgré les dispositions
très-peu religieuses du public. *Esther*, au contraire,
n'offrait plus d'allusion qu'à la vieille cour; on se faisait un plaisir malin de rabaisser ce qu'avaient estimé
Louis XIV et Mᵐᵉ de Maintenon, et de traiter *Esther*
comme une mode du temps passé.

Ce ne fut pas au talent des acteurs qu'*Athalie* dut sa fortune : elle fut assez mal jouée, et parut dépouillée de l'agrément des chœurs. Le théâtre, dont les côtés étaient alors remplis de banquettes et couverts de spectateurs, nuisit beaucoup à l'effet du spectacle, au cinquième acte ; mais sans pouvoir étouffer les grandes beautés de l'ouvrage, qui excitèrent les plus vifs applaudissements. Ainsi cette tragédie, dont le style est une des parties les plus admirables, après avoir longtemps essuyé les injustes dédains des lecteurs, reçut enfin des spectateurs le tribut d'éloges qu'elle avait droit d'attendre.

Mme de Caylus dit, dans ses *Souvenirs*, à l'occasion de cette représentation d'*Athalie* sur le Théâtre-Français : « Il me semble qu'elle produisit plus d'effet « quand elle fut jouée dans la chambre de Mme de « Maintenon par les demoiselles de Saint-Cyr, qu'elle « n'en produisit sur le théâtre de Paris, où je crois « que Racine aurait été fâché de la voir aussi défi-« gurée qu'elle m'a paru l'être par une Josabeth « fardée, une Athalie outrée, et un grand prêtre « plus ressemblant aux capucinades du petit père « Honoré, qu'à la majesté d'un prophète divin. »

Mme de Maintenon, du fond de sa retraite, vit avec regret une tragédie sainte, composée pour Saint-Cyr, profanée par les comédiens, prostituée sur un théâtre public, contre la défense expresse de Louis XIV. Dans une lettre qu'elle écrivait à sa nièce, la marquise de Villette, le 17 mai 1717 : « Dieu veuille, dit-elle, « que la représentation d'*Athalie* fasse quelques con- « versions! C'est, je crois, la plus belle pièce qu'on « ait jamais vue; mais je suis étonnée que M. le car- « dinal de Noailles (archevêque de Paris) ne s'oppose « pas à ces représentations faites par des comédiens; « vous jugez bien qu'on le trouve très-mauvais à « Saint-Cyr. » Le régent et son favori Dubois se seraient moqués des oppositions du cardinal-arche- vêque; le prélat fit sagement de ne point se compro- mettre dans une pareille occasion. A cette époque, le théâtre avait gagné beaucoup de crédit, et la religion en avait beaucoup perdu. Quant à l'opinion de Saint- Cyr et de Mme de Maintenon, on n'y faisait pas la moindre attention à la cour du régent.

Louis Racine observe, dans ses Mémoires, que ce chef-d'œuvre d'*Athalie*, qui avait enrichi les comé- diens et les libraires, ne rapporta que de la gloire sans aucun profit à l'auteur et à sa famille. Aujour- d'hui, s'il arrivait à un poëte de composer une pièce qui eût seulement la moitié du mérite de celle de Racine, sa fortune serait faite.

Terminons ces deux chapitres sur *Esther* et *Athalie* par l'appréciation concise qu'un homme de goût a faite de ces deux pièces :

Ces deux dernières tragédies de Racine sont ce

qu'il a produit de plus parfait : affranchi de la servi-
tude que lui imposaient le goût des comédiens et la
mode du théâtre, dégagé de l'influence des passions,
se trouvant dans tonte la maturité et dans la plus
grande force de son génie, il négligea l'amour, la galanterie, les finesses du sentiment et tous les ressorts
des intrigues communes, tous les prestiges de la scène
française, pour s'abandonner uniquement à la nature,
à la vérité, au sublime dont ses sujets étaient remplis,
et au souffle de l'esprit divin dont il était environné
de toutes parts. Regardé jusqu'alors comme moins
grand que Corneille, il prit dans ses deux dernières
tragédies un vol plus haut encore que celui de Corneille lui-même; et la grandeur romaine, si bien ex-
primée par son prédécesseur, s'abaisse devant la majesté des prophètes, dont il sut faire passer dans notre
langue toute la poésie et tout l'enthousiasme. *Esther*
et *Athalie* sont les plus nobles, les plus beaux monuments de la poésie dramatique, et ceux dont elle doit
le plus s'honorer. »

CHAPITRE XII

Espèce de disgrâce dans laquelle tombe Racine. — Il en est profondément affecté. — Sa maladie. — Son retour à Versailles avant son entière guérison. — Un placet qu'il présente au roi est refusé. — Nouveau chagrin de Racine. — Perfides insinuations de ses ennemis. — Sa conversation avec Mme de Maintenon. — Il ne va plus que rarement à la cour. — Sa dernière maladie. — Son courage, sa résignation. — Son directeur. — Visite qu'il reçoit des personnes de la cour. — Intérêt que le roi prend à sa situation. — Derniers et touchants adieux de Racine et de Boileau. — Mort de Racine. — Son extrême sensibilité a été une des principales causes de sa mort. — Son portrait physique. — Visite de Boileau à la cour après la mort de son ami.

« Si mon père, dit Louis Racine, ne fut pas récompensé de ses deux tragédies saintes par les éloges du public, il en fut récompensé par la satisfaction que Louis XIV témoigna en avoir reçue, et il en eut pour preuve, au mois de décembre 1690, l'agrément d'une charge de gentilhomme ordinaire de Sa Majesté. Il eut encore l'avantage de contenter Mme de Maintenon, la seule protection qu'il ait cultivée. » Ce fut, en effet, l'époque de sa plus grande faveur à la cour, faveur qui se soutint jusqu'à ce qu'une circonstance imprévue vînt malheureusement l'affaiblir.

Après avoir fourni à Racine une occasion d'augmenter encore sa renommée et la bienveillance du roi,
Mme de Maintenon contribua sans le vouloir à sa
disgrâce, et peut-être à sa mort. C'était en 1697. Dans
un de ces entretiens intimes que Mme de Maintenon
accordait fréquemment à Racine, la conversation
tomba sur la misère du peuple, épuisé par les longues
guerres, et sur les moyens de la soulager. Racine
s'anima sur une matière si propre à exciter sa sensibilité. Charmée de ses lumières et de son éloquence,
Mme de Maintenon se persuada que personne n'était
plus capable que lui de porter au pied du trône les
cris des malheureux, et d'implorer pour eux la bonté
du roi, dans un mémoire pathétique. L'homme qui
avait fait verser tant de larmes sur des infortunes
chimériques devait sans doute être plus touchant
encore en plaidant la cause de l'humanité au tribunal
du souverain. Elle pria donc Racine de rédiger ses
idées en forme de mémoire, en lui promettant que
l'écrit ne sortirait pas de ses mains, et ne servirait qu'à
son instruction particulière. Animé par le désir d'être
utile, Racine traça un tableau frappant de la déplo-
rable situation du peuple, et remit à Mme de Maintenon
un mémoire aussi éloquent que solide. Un jour qu'elle
le lisait avec le plus grand intérêt, le roi entra brusquement dans sa chambre sans être annoncé, et voulut
voir l'écrit dont elle paraissait si occupée. Après en

avoir légèrement parcouru la première page, il témoigna le désir d'en connaître l'auteur. En vain
Mme de Maintenon prétendit-elle s'excuser sur le
secret qu'elle avait promis : le roi, qui n'était pas
accoutumé à la résistance, parla en maître, il fallut
obéir, et Mme de Maintenon nomma l'auteur.

Louis XIV, étonné qu'un homme de lettres s'avisât
de parler de politique, blâma son indiscrétion tout en
rendant justice à son zèle ; il ajouta même, avec un
air d'humeur : « Parce que Racine sait parfaitement
« faire des vers, croit-il tout savoir ? Et parce qu'il
« est grand poëte, veut-il être ministre ? » Mme de
Maintenon consternée se hâta de faire instruire l'auteur du mémoire d'un si fâcheux incident, et en même
temps lui fit donner avis de ne pas se présenter chez
elle sans y être mandé. Ce fut un coup de foudre pour
un homme aussi sensible que Racine. Quel fruit de
son travail et de ses bonnes intentions ! Il se crut
perdu dans l'esprit du roi, il tomba dans une profonde
mélancolie ; et l'on peut raisonnablement attribuer au
saisissement qu'il éprouva une fièvre assez violente
dont les médecins se hâtèrent trop de le guérir par un
usage immodéré de quinquina. Il se croyait lui-même
parfaitement guéri, lorsqu'il se forma vers la région
du foie une espèce d'abcès qui perça et qui rendait
de temps en temps quelque matière. Les médecins lui
dirent que ce n'était rien. Racine, tranquillisé sur sa

santé, se rendit à Versailles, où il était appelé par l'intérêt de sa famille. Déjà fort gêné par le paiement de sa charge de secrétaire du roi, il se trouvait presque dans l'impossibilité de payer une taxe nouvelle qu'on venait de mettre sur toutes les charges de cette espèce. Il avait lieu d'espérer que le roi aurait pour lui la même indulgence qu'en 1685 : obligé alors, en qualité de trésorier de France, de payer une contribution de quatre mille francs, Louis XIV lui avait fait rendre cette somme. Mais les temps étaient changés.

Le roi lut le placet dans lequel Racine exposait sa situation et demandait une exemption de la taxe; son premier mouvement fut de répondre : « Cela ne se peut pas. » Mais comme il avait coutume d'adoucir le refus par quelque mot obligeant, il ajouta d'un ton plein de bonté : « S'il se trouve dans la suite quelque « occasion de le dédommager, j'en serai fort aise. » Racine, à qui l'on rapporta cette réponse, fut consterné du refus, et très-médiocrement consolé par l'adoucissement; il ne vit qu'une disgrâce complète : heureux s'il eût été le seul à s'en apercevoir! Mais rien n'échappe aux courtisans : dès qu'on sut que Racine était baissé dans l'esprit du roi, il ne manqua pas d'amis de cour empressés d'aggraver le mal par des insinuations perfides, presque des accusations formelles. « C'est un janséniste, disaient les uns : il a toute sa famille à Port-Royal! » Les autres, plus dangereux encore, le peignaient comme un mécontent et un frondeur. Racine n'ignorait pas les services que l'intrigue et la calomnie lui rendaient, et la pénétration de son esprit augmentait encore ses alarmes : il s'épouvantait non-seulement de tout ce qu'on disait, mais de tout ce qu'on pouvait dire.

Enfin, ne pouvant résister au trouble de son imagination, il écrivit à Mme de Maintenon, sa protectrice, laquelle n'était pas aussi fort consolante. Ce n'est pas que lorsqu'il lui arrivait de le rencontrer (car elle n'osait plus le voir chez elle), cette dame ne cherchât à relever par de belles promesses son esprit abattu : « Laissez passer les nuages, disait-elle ; c'est moi qui « ai fait le mal, c'est à moi de le réparer. Il y va de « mon honneur de vous remettre mieux que jamais « dans l'esprit du roi ; mais il faut attendre le moment « favorable. »

Les hommes spirituels et sensés sont moins disposés que les autres à se faire illusion ; les sots ont un grand avantage, celui de ne pas prévoir le mal, et de ne pas le sentir aussi vivement lorsqu'il arrive. Racine connaissait le roi et la cour ; il connaissait Mme de Maintenon, dont l'extrême prudence évitait par-dessus tout de se compromettre ; elle eût sacrifié vingt amis à la crainte de déplaire. Racine avait donc peu d'espérance, et il ne pouvait dissimuler son dés-

espoir à Mme de Maintenon. « Mais d'où vient cette
défiance? lui disait-elle. Doutez-vous de mon cœur ou
de mon crédit? — Non, Madame, je sais combien le
roi vous aime, et quelle bonté vous daignez avoir pour
moi; mais vous ne savez peut-être pas que j'ai à Port-
Royal une tante dont les sentiments à mon égard sont
bien différents des vôtres : cette sainte fille est per-
suadée que la cour me perd, et que je n'y ferai jamais
mon salut; elle ne demande au Ciel pour moi que des
humiliations et des disgrâces : le chagrin qui m'arrive
est un effet de ses prières; et j'ai lieu d'appréhender
que son crédit ne l'emporte sur le vôtre. » Pendant
que Racine faisait cette innocente plaisanterie, le bruit
d'une calèche se fit entendre. « C'est le roi qui se
promène, s'écria Mme de Maintenon, cachez-vous. »
Et il s'enfuit dans un bosquet.

« Il fit trop de réflexions, dit Louis Racine, sur le
changement de son état à la cour : et, quoique pénétré de joie, comme chrétien, de ce que Dieu lui en-
voyait des humiliations, l'homme est homme, et dans
un cœur trop sensible le chagrin a bientôt porté un
coup mortel. Sa santé s'altéra tous les jours, et il s'a-
perçut que le petit abcès qu'il avait près du foie était
refermé : il craignit des suites fâcheuses, et aurait
pris sur-le-champ le parti de se retirer pour toujours
de la cour, sans la considération de sa famille, qui,
n'étant pas riche, avait un très-grand besoin de lui.

Dans le bas âge où j'étais (Louis Racine était né en 1692, et n'avait pas encore sept ans à la mort de son père), j'en avais plus besoin qu'un autre. Il projetait de s'occuper dans sa retraite de mon éducation : et quel précepteür j'aurais eu ! Mais il pensait en même temps qu'il me deviendrait inutile dans la suite, s'il cessait de cultiver les protecteurs qu'il avait à la cour : c'était cette seule raison qui depuis un an l'y faisait rester. Il y retourna encore plusieurs fois, et il avait toujours l'honneur d'approcher de Sa Majesté. Mais on verra, dans ses dernières lettres, le peu d'empressement qu'il avait de se montrer à la cour... Il n'avait plus d'autre plaisir que de mener une vie retirée dans son ménage, et de s'y dissiper au milieu de ses enfants (1). »

Enfin, un matin, étant à travailler dans son cabinet, il se sentit attaqué d'un si violent mal de tête, que, ne pouvant plus supporter aucune application, il prit le parti de se mettre au lit, d'où il ne devait plus sortir que pour être porté au tombeau. Ses enfants, le voyant se coucher, parurent alarmés; il les rassura en leur disant avec bonté que ce n'était rien qu'un peu de fièvre. Louis Racine prétend qu'on ne soupçonna point d'abord la cause de la maladie de son père. Elle n'était pas cependant difficile à deviner :

(1) *Mémoires sur la vie de Jean Racine*, publiés par Louis Racine son fils; 2ᵉ partie.

l'abcès, qui s'était fermé subitement, était le véritable principe du mal. Il serait bien étrange que cette
idée eût échappé aux médecins de la cour qui étaient
ses amis, et venaient le voir souvent. Une douleur
au côté droit était le principal symptôme dont il se
plaignait, et cette douleur ne fit qu'augmenter dans
le cours de sa maladie, qui fut longue. Il supporta
ses souffrances avec un calme héroïque; et tous ceux
qui venaient le consoler ne pouvaient se lasser d'admirer sa douceur et sa patience. Il avait éprouvé autrefois de grandes frayeurs de la mort; mais dans ce
moment la religion lui en faisait supporter les ap-
proches avec courage. Un bon prêtre de Saint-André-
des-Arts, homme simple et peu brillant, mais d'une
piété sincère et solide, dirigeait depuis longtemps la
conscience de Racine, et ne le quitta point dans ces
instants douloureux où l'on a si grand besoin de consolations. Mme de Maintenon, écrivant à Mme de la Mai-
sonfort, qui ne voulait se confesser qu'à un homme
d'esprit, lui cite l'exemple de Racine :

« Le plus simple, lui dit-elle, est le meilleur pour
« vous, et vous devez vous y soumettre en enfant.
« Comment surmonterez-vous les croix que Dieu
« vous enverra dans le cours de votre vie, si un ac-
« cent normand ou picard vous arrête, et si vous
« vous dégoûtez d'un homme parce qu'il n'est pas
« aussi sublime que Racine? Il vous aurait édifié, le

« pauvre homme, si vous aviez vu son humilité dans
« sa maladie, et son repentir sur cette recherche de
« l'esprit. Il ne demanda point dans ce temps-là un
« directeur à la mode : il ne vit qu'un bon prêtre de
« sa paroisse. »

L'abbé Boileau, chanoine de Saint-Honoré, ne témoignait pas moins de zèle que le bon directeur; et
ces deux ecclésiastiques soutenaient le malade par
leurs exhortations ferventes : le malade les édifiait
eux-mêmes par ses dispositions vraiment chrétiennes.
Tourmenté par une soif brûlante et une sécheresse
extrême de la langue et du gosier, il s'écriait : « J'offre
à Dieu cette peine : puisse-t-elle expier le plaisir que
j'ai trouvé souvent à la table des grands ! »

Il se faisait lire par son fils aîné, récemment revenu
de Hollande, quelques ouvrages de piété : ces lectures l'intéressaient bien plus que les compliments
des personnes de la cour qui venaient s'informer de
l'état de sa santé : ils croyaient adoucir beaucoup ses
douleurs en lui assurant que le roi leur demandait
souvent de ses nouvelles. Il est très-certain que
Louis XIV prit un vif intérêt à la situation de Racine,
et témoigna un grand déplaisir de sa mort. Ce sentiment honore le monarque; mais Racine, environné
des ombres de la mort, ne dut pas être extrêmement
flatté de cette bonté tardive : quand on est prêt à
quitter le monde et la vie pour paraître devant le

souverain maître du ciel et de la terre, on est peu sensible aux faveurs des rois. Cependant un si bon père n'était pas tellement absorbé dans l'idée de ses maux, qu'il en oubliât sa famille et ses vrais amis. M. Rollin, déjà célèbre dans l'université, étant venu lui rendre visite, il lui recommanda l'éducation de son second fils, Louis Raciné, comme ne pouvant lui laisser un bien plus précieux que les instructions d'un homme aussi vertueux et aussi sage.

Il fit écrire par son fils une lettre à M. de Cavoie, pour le prier de solliciter le paiement de ce qui lui était dû de sa pension, afin de laisser en mourant à sa femme et à ses enfants le secours de quelque argent comptant. Quand son fils lui fit la lecture de la lettre, il lui dit : « Pourquoi ne demandez-vous pas aussi en même temps le paiement de la pension de Boileau? Il ne faut point nous séparer : recommencez votre lettre, et faites connaître à Boileau que j'ai été son ami jusqu'à la mort. »

On s'attend bien sans doute à voir Boileau tenir sa place auprès du lit de Racine. Cet ami de quarante ans, ce compagnon fidèle et sûr, qui ne l'avait jamais quitté, ce confident intime de toutes ses joies et de toutes ses peines, pouvait-il abandonner Racine à ses derniers moments? Quoique la fermeté et la tranquillité de son caractère ne lui permissent pas ces démonstrations de sensibilité souvent équivoques, sa douleur,

renfermée dans son âme, n'en était que plus vive; son
cœur, trop serré, ne pouvait s'exprimer que par un
silence plus éloquent que toutes les plaintes. Racine, le
voyant approcher pour lui faire ses derniers adieux,
recueillit ce qui lui restait de force, et se leva sur son
lit. Les deux illustres amis demeurèrent quelque
temps dans les bras l'un de l'autre : le plus malheureux était celui qui se trouvait encore condamné à
vivre. Racine, jusqu'à sa dernière heure, plus habile
dans l'art d'exprimer le sentiment, déposa dans son
sein, comme le testament de l'amitié, ces paroles, les
plus touchantes que son cœur lui eût jamais inspirées:
« Je regarde comme un bonheur pour moi de mourir avant vous. »

Les médecins, qui n'avaient pu trouver dans leur
art de secret pour soulager les douleurs de Racine, en
trouvèrent un pour les augmenter, par une opération
aussi cruelle qu'inutile. Ils s'étaient aperçus trop tard
que sa maladie était causée par un abcès au foie. Ce
ne fut que lorsqu'il n'y avait plus de remède, qu'ils
voulurent tenter un surcroît de souffrance en prati-
quant cette opération. Racine s'y prépara sans aucune
espérance de succès, ou plutôt il ne fit que se préparer à la mort par ce nouvel exercice de la patience.
Racine ne se trompait pas: il mourut trois jours après
l'opération, le 21 avril 1699, âgé de cinquante-neuf
ans, dans de grands sentiments de piété, après avoir

exhorté ses enfants à vivre unis entre eux et à respecter leur mère.

Cet homme extraordinaire avait reçu de la nature un tempérament plus sain que robuste : la vivacité de son imagination et sa prodigieuse sensibilité, cette habitude mélancolique, plus favorable au génie qu'à la santé, usèrent avant le temps ses organes délicats. Boileau, en apparence moins vigoureusement constitué, et même sujet à plusieurs infirmités, a pourtant poussé beaucoup plus loin sa carrière, parce que la tranquillité de son âme donnait au corps beaucoup moins de fatigues. La nature, si prodigue envers Racine des dons de l'esprit, ne lui avait point refusé les avantages extérieurs : sa taille, sans être grande, était très-bien prise ; une physionomie heureuse prévenait en sa faveur ; sa figure fut remarquée à la cour, où l'on est connaisseur et difficile ; et Louis XIV lui-même, le plus bel homme de son siècle, cita un jour Racine comme un des courtisans dont le visage lui paraissait le plus agréable.

Boileau, qui depuis longtemps s'était banni de la cour, se voyant privé de son associé dans l'emploi d'historiographe, alla prendre les ordres du roi ; il lui parla de la mort de Racine et de l'intrépidité vraiment chrétienne qu'il avait témoignée dans ce terrible passage : « Je le sais, répondit le roi ; et cela m'a étonné : car je me souviens qu'au siége de Gand vous étiez le

plus brave des deux. » C'est après avoir dit ces paroles que Louis XIV, tirant sa montre, fit à Boileau
l'invitation gracieuse que nous avons rapportée ailleurs, en ces termes : « Souvenez-vous que j'ai toujours par semaine une heure à vous donner quand
vous voudrez venir. » Boileau n'abusa point d'une
offre si flatteuse. Après avoir perdu son ami, il ne
retourna plus à la cour : « Qu'irai-je y faire? disait-il ;
je ne sais plus louer. »

CHAPITRE XIII

Dernières dispositions de Racine. — Son testament. — Il est inhumé à l'abbaye de Port-Royal-des-Champs. — Translation de son corps dans l'église de Saint-Étienne-du-Mont. — Épitaphe latine composée par Boileau et traduite en français par le même. — Générosité de Louis XIV. — La veuve de Racine est ruinée par le système de *Law*. — Sa mort. — Jean-Baptiste Racine se retire du monde et meurt dans la retraite. — Louis Racine; ses essais poétiques. — Lettre de son frère Jean-Baptiste pour le dégoûter du métier de poëte. — Appréciation du talent de Louis Racine. — Son fils. — Ses heureuses dispositions, ses talents. — Il entre dans le commerce maritime. — Son voyage à Cadix. — Catastrophe qui lui donne la mort. — Douleur de son père Louis Racine. — Sa résignation chrétienne. — Il abandonne le monde pour se préprrer à la mort. — Visite de Delille à Louis Racine. — Mort de Louis Racine.

Parmi les papiers de Racine on trouva une lettre qui contenait ses dernières dispositions; elle est datée du 28 octobre 1685, et conçue en ces termes :

« Comme je suis incertain de l'heure à laquelle il
« plaira à Dieu de me rappeler, et que je puis mourir
« sans avoir le temps de déclarer mes dernières in-
« tentions, j'ai cru que je ferais bien de prier ici ma
« femme de plusieurs petites choses auxquelles, j'es-
« père, elle ne voudra pas manquer :

« 1° De continuer à une bonne vieille nourrice que
« j'ai à la Ferté-Milon, jusqu'à sa mort, quatre francs
« ou cent sous par mois, que je lui donne depuis
« quelque temps pour lui aider à vivre ;

« 2° Je donne une somme de cinq cents livres aux
« pauvres de la paroisse de Saint-André. » (Dans le
manuscrit original de ce testament, qui est à la bibliothèque impériale, le mot *Saint-André* est effacé.
Racine a mis ce renvoi : *Saint-Severin, ce 12 novembre* 1686. Depuis, il a effacé *Saint-Severin* et mis
au-dessus *Saint-Sulpice.* Ce sont les trois paroisses
dans l'arrondissement desquelles il a successivement
demeuré.)

« 3° Pareille somme à ma sœur *Rivière,* pour dis-
« tribuer à de pauvres parents que j'ai à la Ferté-
« Milon.

« 4° De donner quatre cents livres aux pauvres de
« la paroisse de Griviller.

« Ces sommes prises sur ce que je pourrai laisser
« de bien.

« Je la prie de remettre entre les mains de M. Des-
« préaux tout ce qu'elle me trouvera de papiers con-
« cernant l'histoire du roi.

« Fait dans mon cabinet, ce 29 octobre 1685.

« RACINE. »

A cette lettre était joint un testament que nous rapporterons en entier, comme un des monuments les plus intéressants des vertus du grand Racine :

AU NOM DU PÈRE ET DU FILS ET DU SAINT-ESPRIT.

« Je désire qu'après ma mort mon corps soit porté
« à Port-Royal-des-Champs, et qu'il y soit inhumé
« dans le cimetière, au pied de la fosse de M. Hamon.
« Je supplie très-humblement la mère abbesse et les
« religieuses de vouloir bien m'accorder cet honneur,
« quoique je m'en reconnaisse très-indigne, et par les
« scandales de ma vie passée, et par le peu d'usage
« que j'ai fait de l'excellente éducation que j'ai reçue
« autrefois dans cette maison, et des grands exem-
« ples de piété et de pénitence que j'y ai vus, et dont
« je n'ai été qu'un stérile admirateur. Mais plus j'ai
« offensé Dieu, plus j'ai besoin des prières d'une si
« sainte communauté, pour attirer sa miséricorde sur
« moi. Je prie la mère abbesse et les religieuses de
« vouloir accepter une somme de huit cents livres que
« j'ai ordonné qu'on leur donne après ma mort.

« Fait à Paris, dans mon cabinet, le 10 octobre
« 1698.

« RACINE. »

M. Hamon, après la mort de M. Lemaître, avait pris soin des études de Racine. Son élève avait con-servé le plus grand respect pour sa mémoire : voilà pourquoi il demandait d'être enterré à ses pieds. Ses dernières volontés furent exécutées. Son corps fut d'abord déposé dans le chœur de l'église Saint-Sulpice, sa paroisse, où il passa la nuit : le lendemain, deux prêtres de cette paroisse l'accompagnèrent jusqu'à Port-Royal, et le présentèrent avec les cérémonies d'usage.

Douze ans après, en 1711, l'abbaye de Port-Royal fut détruite, et la famille de Racine obtint la permission de faire exhumer son corps. Il fut transporté à Paris, dans l'église Saint-Étienne-du-Mont, dans l'arrondissement de laquelle se trouvait alors cette famille ; et placé derrière le maître-autel, en face de la chapelle de la Vierge, auprès de la tombe de Pascal. La pierre tumulaire sur laquelle était gravée l'inscription composée par Boileau, et que nous rapportons plus loin, resta longtemps déposée dans l'église d'un village (Magné-Lessart), et on la croyait perdue, lorsqu'on la découvrit en 1811 ; elle fut transportée à Paris et placée à Saint-Étienne-du-Mont, le 21 avril 1818, sur le tombeau de Racine. On ne peut sans attendrissement contempler ce précieux débris, et lire cette inscription à demi effacée qui rappelle à la fois l'amitié des deux poëtes, la reconnaissance de Racine pour ses anciens maîtres, son sacrifice, ses vertus, sa sainte mort, tous les souvenirs qui font admirer en lui le grand poëte et l'homme de bien.

Voici cette épitaphe, avec la traduction française, faite aussi par Boileau :

D. O. M.

Hic jacet vir nobilis Joannes Racine, Franciæ thesauris præfectus, Regis a secretis atque a cubiculo, nec non unus e quadraginta Gallicanæ Academiæ vir, qui, postquam profana tragœdiarum argumenta diu cum ingenti hominum admiratione tractasset, musas tandem suas uni Deo consecravit, omnemque ingenii vim in eo laudando contulit, qui solus laude dignus est. Cum eum vitæ negotiorumque rationes multis nominibus aulæ tenerent addictum, tamen in frequenti hominum commercio omnia pietatis ac religionis officia coluit. A Christiano rege Ludovico Magno selectus una cum familiari ipsius amico fuerat, qui res eo regnante præclari ac mirabiliter gestas præscriberet. Huic intentus operi, repente in gravem ac diuturnum morbum implicitus est, tandemque ab hac sede miseriarum in melius domicilium translatus anno ætatis suæ LIX. Qui mortem longe adhuc intervallo remotam valde horruerat, ejusdem præsentis aspectum placida fronte sustinuit : obiitque spe multo magis et pia in Deum fiducia expletus, quam fractus metu. Ea jactura omnes illius amicos, quorum nonnulli inter primores regni eminebant, acerbissimo dolore perculit. Manavit etiam ad ipsum regem tanti viri desiderium. Fecit modestia ejus

*singularis, et præcipua in hanc Portus-Regii domum
benevolentia, ut in ea sepeliri voluerit, ideoque testa-
mento cavit, ut corpus suum, juxta piorum hominum
qui hic sunt corpora, humaretur. Tu vero quicumque
es, quem in hanc domum pietas adducit, tuæ ipse mor-
talitatis ad hunc aspectum recordare, et clarissimam
tanti viri memoriam precibus potius quam elogiis pro-
sequere.*

D. O. M.

« Ici repose le corps de messire Jean Racine, tré-
« sorier de France, secrétaire du roi, gentilhomme
« ordinaire de sa chambre, et l'un des quarante
« de l'Académie française, qui, après avoir longtemps
« charmé la France par ses excellentes poésies pro-
« fanes, consacra ses muses à Dieu, et les employa
« uniquement à louer le seul objet digne de louange.
« Les raisons indispensables qui l'attachaient à la cour
« l'empêchèrent de quitter le monde ; mais elles ne
« l'empêchèrent pas de s'acquitter, au milieu du
« monde, de tous les devoirs de la piété et de la re-
« ligion. Il fut choisi avec un de ses amis par le roi
« Loüis le Grand, pour rassembler en un corps
« d'histoire les merveilles de son règne, et il était
« occupé à ce grand ouvrage, lorsque tout à coup il
« fut attaqué d'une longue et cruelle maladie, qui à
« la fin l'enleva à ce séjour de misère, en sa cin-

8

« quante-neuvième année. Bien qu'il eût extrême-
« ment redouté la mort lorsqu'elle était encore loin
« de lui, il la vit de près sans s'en étonner, et mourut,
« beaucoup plus rempli d'espérance que de crainte,
« dans une entière résignation à la volonté de Dieu. Sa
« perte toucha sensiblement ses amis, entre lesquels
« il pouvait compter les premières personnes du
« royaume, et il fut regretté du roi même. Son hu-
« milité et l'affection particulière qu'il eut toujours
« pour cette maison de Port-Royal-des-Champs, lui
« firent souhaiter d'être enterré sans aucune pompe
« dans ce cimetière avec les humbles serviteurs de
« Dieu qui y reposent, et auprès desquels il a été
« mis, selon qu'il l'avait ordonné par son testament.
« O toi! qui que tu sois, que la piété attire en ce saint
« lieu, plains dans un si excellent homme la destinée
« de tous les mortels ; et, quelque grande idée que
« puisse te donner de lui sa réputation, souviens-toi
« que ce sont des prières, et non pas de vains éloges
« qu'il te demande. »

Louis XIV, informé que Racine ne laissait qu'une
fortune médiocre, à peine suffisante pour soutenir une
famille nombreuse composée de sept enfants, accorda
à sa veuve une pension de deux mille livres, réver-
sible jusqu'au dernier enfant vivant. « Ma mère, dit
Louis Racine, après avoir été faire les remercîments

de cette grâce, résolue de vivre en veuve vraiment veuve, ne fut point obligée, pour exécuter le précepte de saint Paul, de rien changer à sa façon de vivre. » Renfermée dans son ménage pendant les trente-trois ans qu'elle vécut encore après la mort de son mari, occupée de l'éducation de ses enfants et des œuvres chrétiennes, elle perdit, par l'effet du système de Law, le fruit des épargnes qu'elle avait faites pour sa famille, sans perdre sa tranquillité et sa résignation ordinaire, et s'éteignit paisiblement en 1732, sans douleur et sans infirmité. La tante de Racine, la mère Sainte-Thècle, qui n'avait cessé de demander au Ciel le salut de son cher neveu, ne lui survécut que peu de mois. Cette sainte religieuse, entrée à neuf ans à Port-Royal, avant de connaître le monde, y avait passé soixante-cinq ans dans l'exercice des plus héroïques vertus et des premiers emplois de la communauté.

Le fils aîné de l'illustre Racine, que l'on croyait destiné à briller dans le corps diplomatique, sous la protection spéciale de M. de Torcy, ne profita d'aucun de ces avantages. Quelque temps après la mort de son père, il donna sa démission de toutes ses charges et emplois, et renonça au monde et aux honneurs. Sans aller s'enfermer dans la solitude du cloître, il se fit un cloître de sa maison, où il vécut solitaire et indépendant. Occupé des lettres et des sciences, mais pour son propre amusement et son instruction particulière, il ne songea point à étaler aux yeux du public les fruits de ses études et les vastes connaissances qu'il avait amassées par une lecture prodigieuse et de continuelles réflexions. Les manuscrits qu'il a laissés, et qui n'ont jamais été publiés, annoncent un caractère très-prononcé, une morale sévère, un ton très-ferme et une rigoureuse logique. Il mourut célibataire, le 31 janvier 1747.

Le second fils du grand Racine, Louis Racine, auteur des poëmes de *la Religion* et de *la Grâce*, a contribué par ses talents à l'illustration de sa famille : c'est lui qui a recueilli la succession poétique de son père. S'il est resté bien loin d'un si parfait modèle, il occupe un rang parmi les bons poëtes, et il a laissé des morceaux qui ne sont pas indignes d'un fils de Racine. La gloire du théâtre le tenta dans sa jeunesse, mais il fut arrêté par l'impossibilité d'approcher de la perfection de l'*OEdipe* de Sophocle et de l'*Athalie* de son père. Cependant, vaincu par son goût pour la poésie, il s'engagea dans d'autres genres qui lui semblèrent plus faciles, et composa sur la grâce et sur la religion des poëmes didactiques. Prêt à publier le second de ces ouvrages, il consulta son frère aîné, et en reçut une lettre foudroyante, dont nous allons donner un fragment fort curieux, où l'on verra comment le fils de Racine traite le métier de poëte :

« J'avais renoncé à vous faire des critiques, parce
« que cela me menait trop loin, et j'aurais voulu seu-
« lement finir par une critique générale du métier
« que vous embrassez. Je vous ai mandé là-dessus
« non-seulement ce que j'en pensais, mais ce que j'en
« avais entendu dire toute ma vie à gens plus éclairés
« que moi. Est-il juste de vous laisser ignorer ce que
« pensaient des hommes aussi sages et aussi sensés que
« l'étaient votre père et M. Despréaux? et ne devriez-
« vous pas même être ravi de trouver encore en moi
« le seul homme qui puisse peut-être vous en in-
« struire? Ils connaissaient certainement mieux que
« d'autres les dangers du métier, et votre père y
« avait, pour ainsi dire, déjà renoncé avant l'âge où
« vous songez à l'embrasser. Mais je n'ai point du
« tout songé à vous faire entendre que je regardasse
« votre ouvrage comme une chose qui pût jamais vous
« déshonorer : tant s'en faut que je l'aie jamais pensé,
« que je suis persuadé, au contraire, qu'il ferait la
« fortune de tout autre nom que le vôtre. Votre
« projet vous fera toujours honneur, quelque succès
« qu'il puisse avoir. Mais songez que vous portez un
« nom dont la fortune est faite, qui ne peut guère
« croître, et peut plutôt diminuer. Parlons à cœur
« ouvert et comme des frères doivent parler. Croyez-
« vous surpasser ou du moins égaler votre père? Vous
« avez raison de faire ce que vous faites; mais si vous

« vous défiez d'y pouvoir réussir, j'ai raison de vous
« donner les conseils que je vous donne; et quand
« je vous les donne, je ne le fais uniquement que
« pour vous épargner toutes les amertumes attachées
« au métier que vous embrassez : et c'est pour cela
« que je vous ai mandé qu'à votre place, je me con-
« tenterais de cultiver pour moi et mes amis les ta-
« lents que le Ciel m'aurait donnés, et d'en faire mes
« amusements innocents...»

Louis Racine ne crut pas devoir suivre les conseils
de son frère, et il publia son poëme, où, comme nous
l'avons dit, on trouve des morceaux remarquables et
dignes du nom qu'il portait. Il ne s'est pas moins distingué par son érudition littéraire que par son talent
poétique. C'est un de nos écrivains les plus judicieux
et les plus instruits. Imitateur de la piété encore plus
que des talents du plus grand poëte de France, il a
surtout droit à l'estime des honnêtes gens pour avoir
rappelé la poésie à sa première origine, en l'appli-
quant à la religion et à la morale. Il eut un fils digne
de son père et de son illustre aïeul. Déjà son talent
poétique s'était annoncé par des essais brillants :
plein d'esprit, d'imagination et de goût, le petit-fils
de l'Euripide français promettait à la famille un poëte
de plus; car les conseils du vertueux auteur d'*Athalie*
avaient eu moins de pouvoir que ses exemples. Malgré
tous ses efforts pour bannir la poésie de sa maison,

elle y était restée comme dans son domaine ; elle
se transmettait, avec le sang, aux descendants de
Racine ; c'était une partie de leur patrimoine. A
l'âge de vingt-deux ans, son petit-fils joignait à la
connaissance des langues grecque et latine celle de
l'anglais, de l'italien et de l'espagnol ; ses talents re-
cevaient un nouveau lustre des grâces de sa figure,
de la solidité de son caractère, et d'une sagesse
de conduite d'autant plus admirable qu'elle était
prématurée.

Ce fut sans doute par une inspiration de cette sagesse qu'il résolut de se faire un état dans le monde.
Persuadé qu'un négociant était plus utile à la société
qu'un poëte médiocre, et ne comptant pas assez sur
les plus heureuses dispositions pour espérer d'atteindre
un jour au premier rang, il eut le courage de sacrifier
ses goûts les plus vifs à des occupations graves et raisonnables ; il s'arracha des bras de ses parents en 1755,
et se rendit à Cadix. C'est dans cette ville fameuse par
son commerce qu'il voulait se faire initier à tous les
mystères du nouvel état qu'il avait dessein d'embrasser. Son père nous apprend lui-même qu'un de
ses principaux motifs pour s'adonner au commerce
maritime était que les richesses amassées par cette
voie *n'étaient point celles de l'iniquité* : car la piété et
la probité étaient encore plus héréditaires que les
talents dans la famille de Racine. Un dessein formé

dans des vues aussi louables devait avoir un succès
plus heureux. Six semaines après l'arrivée du jeune
Racine à Cadix, le 1er novembre 1755, la ville
éprouva une violente secousse de tremblement de
terre, suite de celui qui, le même jour, et presque à
la même heure, renversa Lisbonne. Cette secousse,
n'ayant causé que très-peu de dommage, n'empêcha
point le jeune Racine de partir une heure après pour
aller à un village éloigné de la ville de douze kilo-
mètres. Le chemin par où il devait passer est une
chaussée. Pendant qu'il était en route, la mer s'enfla
prodigieusement, les vagues couvrirent la chaussée,
et l'infortuné jeune homme fut submergé. En lui
s'éteignait le nom de Racine !

Quel coup affreux pour le plus tendre des pères et
pour une famille dont il était l'espoir ! Il fut vivement
regretté de tous ceux qui le connaissaient; et les
poëtes du temps (entre autres Lefranc de Pompignan
et Lebrun) s'empressèrent de jeter des fleurs sur sa
tombe. Personne n'a déploré ce fatal événement avec
une éloquence plus pathétique que Louis Racine. On
ne peut lire sans admiration et sans attendrissement
ses réflexions douloureuses et ses sentiments religieux
sur la mort de son fils; c'est le père le plus sensible
qui parle, mais c'est aussi le chrétien le plus coura-
geux :

« Un fils m'était cher, non parce qu'il était unique,

« mais parce qu'il promettait beaucoup. Obligé de
« travailler à sa fortune, il s'était déterminé, par un
« choix sagement médité, au commerce maritime, où
« les richesses qu'on peut gagner ne sont point,
« comme il me le disait, celles de *l'iniquité*. L'espé-
« rance qu'il ferait une fortune honnête et en hon-
« nête homme m'avait adouci la douleur de la sé-
« paration lorsqu'il partit pour Cadix, où, à peine
« arrivé, il vient de m'être enlevé par cet affreux
« tremblement de terre, dont on parlera longtemps...
« Dieu me l'avait donné, Dieu me l'a ôté. Oui, Dieu
« me l'a ôté, et même par un de ces coups imprévus
« qui rendent la mort terrible à tout âge, et surtout
« dans l'âge des passions. Cependant la vertu de mon
« fils, la bonté de son cœur, la droiture de ses sen-
« timents, la sagesse de ses mœurs, tout me fait
« espérer que Dieu l'a pris dans sa miséricorde, et
« que c'est moi qu'il a frappé par ce grand coup, afin
« que, me trouvant seul, je ne sois plus qu'à lui, et
« que je passe le reste de mes jours à implorer pour
« moi cette miséricorde, que ne mérite point une vie
« si peü conforme aux grandes vérités que dès ma
« jeunesse j'ai eu la hardiesse d'annoncer dans ma
« poésie. Puisse l'affliction dans laquelle je passerai
« le reste de cette vie m'être utile pour l'autre ! Puisse
« cette religion que j'ai chantée arrêter les larmes
« que la nature veut à tout moment me faire verser

« sur mon fils, et me faire verser les siennes sur moi-
« même ! » (*OEuvres de Louis Racine*, t. Ier.)

En effet, après ce coup terrible, Louis Racine
abandonna complétement le monde pour ne s'occuper
que de sa fin dernière. Il vendit sa bibliothèque et une
collection d'estampes qu'il avait pris plaisir à former;
renonçant pour jamais à l'étude, il ne conserva que
les livres qui pouvaient entretenir en lui le goût de
l'autre vie, après laquelle il soupirait. La seule distraction qu'il se permit fut la culture des fleurs dans
un petit jardin qu'il avait loué au faubourg Saint-
Denis. Il y recevait quelquefois ses anciens amis,
dont la conversation avait le pouvoir de suspendre ses
douleurs. Ce fut dans cette humble retraite qu'il accueillit Delille, qui désirait lui soumettre sa traduction des *Géorgiques* : « Je le trouvai, dit Delille, dans
« un cabinet, au fond du jardin, seul avec son chien
« qu'il paraissait aimer beaucoup. Il me répéta plu-
« sieurs fois combien mon entreprise lui paraissait
« audacieuse. Je lis avec une grande timidité une
« trentaine de vers; il m'arrête et me dit : « Non-
« seulement je ne vous détourne pas de votre projet,
« mais je vous exhorte à le poursuivre. » J'ai senti
« peu de plaisirs aussi vifs dans ma vie. Cette entrevue,
« cette retraite modeste, ce cabinet où ma jeune ima-
« gination croyait voir rassemblées la piété tendre, la
« poésie chaste et religieuse, la philosophie sans faste,

« la paternité malheureuse mais résignée, enfin le
« reste vénérable d'une illustre famille prête à s'é-
« teindre faute d'héritiers, mais dont le nom ne
« mourra jamais, m'ont laissé une impression forte
« et durable.»

Quelques atteintes d'apoplexie l'avertirent de sa fin
prochaine, à laquelle il se préparait depuis longtemps
en chrétien : la mort le frappa, sans le surprendre, le
29 janvier 1763.

FIN

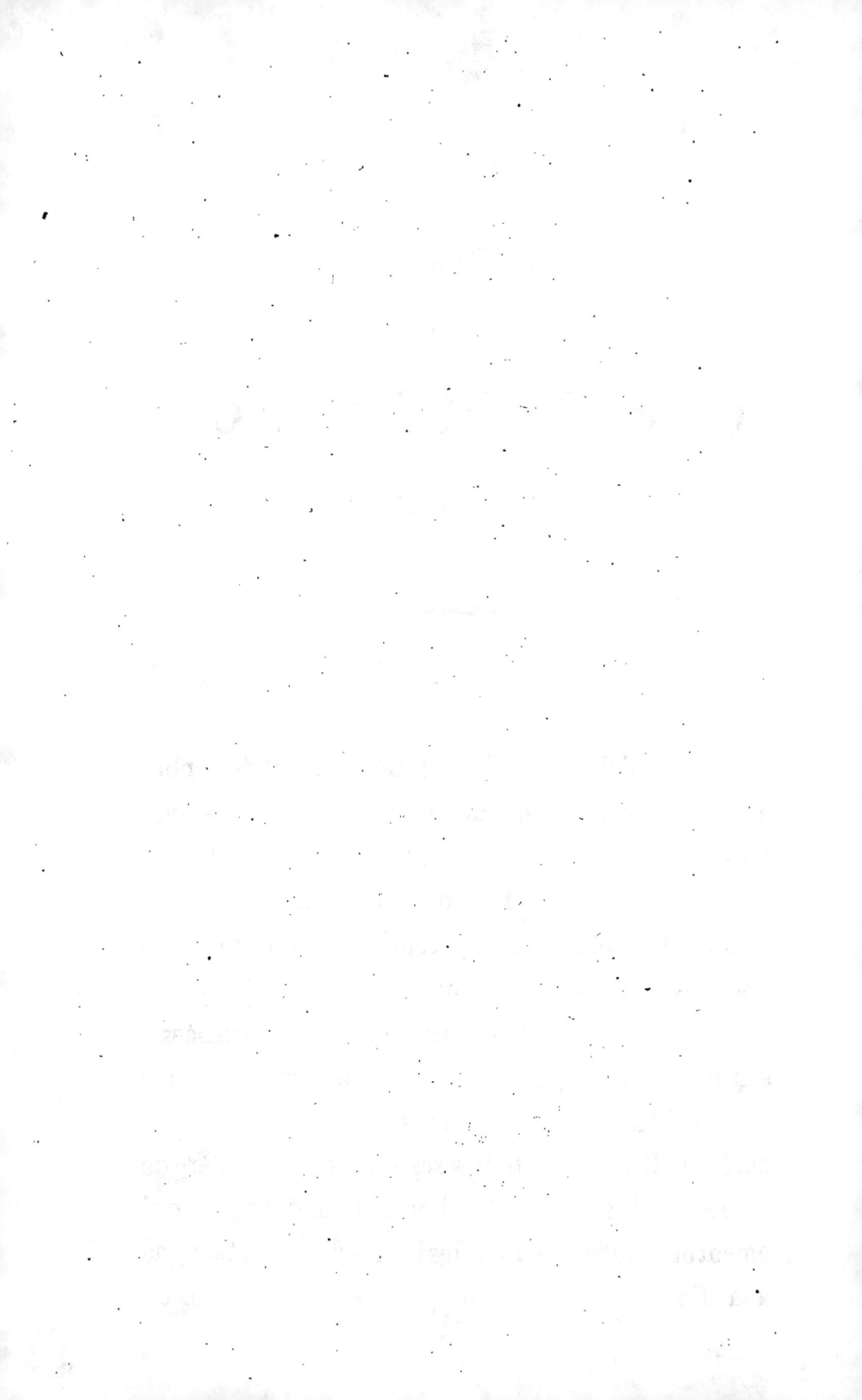

EXTRAIT

DE LA

CORRESPONDANCE

DE JEAN RACINE AVEC SON FILS AÎNÉ

—∞◦∞—

Nous voudrions que l'espace nous permît de donner en entier la correspondance familière de Racine avec ses amis et avec sa famille ; ce serait le moyen le plus simple de compléter l'histoire de ce grand homme et de faire connaître son esprit et son cœur. Mais notre livre étant spécialement destiné à la jeunesse, nous pensons que des extraits des lettres adressées à son fils suffiront pour achever le portrait de Racine comme bon père de famille, et surtout comme bon chrétien. Il y a dans toutes ses lettres un caractère de tendresse, de simplicité, de bonté et d'indulgence, qui émeut et qui attache. Dans les lettres de Mme de Sévigné à sa fille, il y a plus d'éclat, plus de brillant, plus de légèreté; parce que Mme de Sévigné écrit plus souvent avec son imagination qu'avec son cœur. Chez Racine il y a plus d'abandon, plus de laisser aller. C'est, suivant l'expression de Louis Racine, « un père de famille en déshabillé au milieu de ses enfants : » on sent ici que le cœur parle seul. Mais cet abandon ne descend jamais jusqu'à la familiarité. Dans un volume entier de ses lettres, on ne trouve pas une seule trace de tutoiement. L'amitié alors, ainsi que la tendresse paternelle, étaient graves : elles semblaient un devoir plus encore qu'un plaisir.

LETTRE I

Au camp devant Namur, le 31 mai 1692.

Vous aurez pu voir, mon cher enfant, par les lettres que j'écris à votre mère, combien je suis touché de votre maladie (*c'était la petite vérole*), et la peine extrême que je ressens de n'être pas auprès de vous pour vous consoler. Je vois que vous prenez avec beaucoup de patience le mal que Dieu vous envoie, et que vous êtes fort exact à faire tout ce qu'on vous dit : il est extrêmement important pour vous de ne vous point impatienter. J'espère qu'avec la grâce de Dieu il ne vous en arrivera aucun accident. C'est une maladie dont peu de personnes sont exemptes ; et il vaut mieux en être attaqué à votre âge qu'à un âge plus avancé. J'aurai une sensible joie de recevoir de vos lettres ; mais ne m'écrivez que quand vous serez entièrement hors de danger, parce que vous ne pourriez écrire sans mettre vos bras à l'air et vous refroidir. Quand je ne serai plus en inquiétude de votre mal, je vous écrirai des nouvelles du siége de Namur. Il y a lieu d'espérer que la place se rendra bientôt; et je m'en réjouis d'autant plus, que cela pourra me mettre en état de vous revoir bientôt après. M. de Cavoie prend grand intérêt à votre mal, et voudrait bien vous soulager. Je suis fort obligé à M. Chapelier (1) de tout le soin qu'il prend de vous. Adieu, mon cher fils : offrez bien au bon Dieu tout le mal que vous souffrez, et remettez-vous entièrement à sa sainte volonté. Assurez-vous qu'on ne peut vous aimer plus que je vous aime, et que j'ai une fort grande impatience de vous embrasser.

Suscription : *Pour mon cher fils Racine.*

LETTRE II

Au camp devant Namur, le 10 juin 1692.

Vous pouvez juger par toutes les inquiétudes que m'a causées votre maladie, combien j'ai de joie de votre guérison. Vous avez beaucoup de grâces à rendre à Dieu, de ce qu'il a permis qu'il ne vous soit arrivé aucun fâcheux accident, et que la fluxion qui vous était tombée sur les yeux n'ait point eu de suite. Je loue extrêmement la reconnaissance que vous

(1) C'était un ecclésiastique qui servait de précepteur au jeune Racine.

témoignez pour tous les soins que votre mère a pris de vous. J'espère que vous ne les oublierez jamais, et que vous vous acquitterez de toutes les obligations que vous lui avez, par beaucoup de soumissions à tout ce qu'elle désirera de vous. Votre lettre m'a fait beaucoup de plaisir; elle est fort sagement écrite, et c'était la meilleure et la plus agréable marque que vous pussiez donner de votre guérison. Mais ne vous pressez pas encore de retourner à l'étude; je vous conseille de ne lire que des choses qui vous fassent plaisir, sans vous donner trop de peine, jusqu'à ce que le médecin qui vous a traité vous donne permission de recommencer votre travail. Faites bien des amitiés pour moi à M. Chapelier, et faites en sorte qu'il ne se repente point de toutes les peines qu'il a prises pour vous. J'espère que j'aurai bientôt le plaisir de vous revoir, et que la reddition du château de Namur suivra de près celle de la ville (1). Adieu, mon cher fils. Faites bien mes compliments à vos sœurs: je ne sais pourtant si on leur permet de vous rendre visite; je crois que ce ne sera pas sitôt: réservez donc à leur faire mes compliments quand vous serez en état de les voir.

Suscription: *A mon fils Racine.*

---

(1) La ville avait été prise le 5 juin; le château se rendit le 30. Le 2 août, le roi reprit le chemin de Versailles.

LETTRE III

Fontainebleau, le 4 octobre 1692.

Je suis fort content de votre lettre, et vous me rendez un très-bon compte de votre étude et de votre conversation avec M. Despréaux. Il serait bien à souhaiter pour vous que vous pussiez être souvent en si bonne compagnie, et vous en pourriez retirer un grand avantage, pourvu qu'avec un homme tel que M. Despréaux, vous eussiez plus de soin d'écouter que de parler. Je suis assez satisfait de votre version; mais je ne puis guère juger si elle est bien fidèle, n'ayant apporté ici que le premier tome des lettres à Atticus, au lieu du second que je pensais avoir apporté : je ne sais même si je ne l'ai point perdu ; car j'étais comme assuré de l'avoir ici parmi mes livres. Pour plus grande sûreté, choisissez dans quelqu'un des six premiers livres la première lettre que vous voudrez traduire ; mais surtout choisissez-en une qui ne soit pas sèche comme celle que vous avez prise, où il n'est presque parlé que d'affaires d'intérêt. Il y en a tant de belles sur l'état où était alors la république, et sur les choses de conséquence qui se passaient à Rome ! Vous ne lirez guère d'ouvrage qui soit plus

utile pour vous former l'esprit et le jugement; mais
surtout je vous conseille de ne jamais traiter injurieu-
sement un homme aussi digne d'être respecté de tous
les siècles que Cicéron. Il ne vous convient point à
votre âge, ni même à personne de lui donner ce vilain
nom de poltron. Souvenez-vous toute votre vie de ce
passage de Quintilien, qui était lui-même un grand
personnage : *Ille se profecisse sciat cui Cicero valde
placebit.* Ainsi vous auriez mieux fait de dire simple-
ment de lui, qu'il n'était pas aussi brave ou aussi
intrépide que Caton. Je vous dirai même que si vous
aviez bien lu la Vie de Cicéron dans Plutarque, vous
auriez vu qu'il mourut en fort brave homme, et
qu'apparemment il n'eût pas fait tant de lamenta-
tions que vous si M. Carméline (*c'était un chirurgien-
dentiste*) lui eût nettoyé les dents. Adieu, mon cher
fils, faites mes baisemains à M. Chapelier, et faites
souvenir votre mère qu'il faut entretenir un peu d'eau
dans mon cabinet, de peur que les souris ne ravagent
mes livres. Quand vous m'écrirez, vous pourrez vous
dispenser de toutes ces cérémonies de *Votre très-
humble serviteur.* Je connais même assez votre écriture sans que vous soyez obligé de mettre votre nom.

Suscription : *A mon fils Racine à Paris.*

LETTRE IV

Fontainebleau, le 5 octobre 1692.

La relation que voüs m'avez envoyée m'a beaucoup
diverti, et je vous sais bon gré d'avoir songé à la
copier pour m'en faire part. Elle n'est pourtant pas
exacte en beaucoup de choses, mais il ne laisse pas
d'y en avoir beaucoup de vraies et qui sont écrites
avec une fort grande ingénuité. . . . .

. . . .

Je suis toujours étonné qu'on vous montre en
rhétorique les fables de Phèdre, qui semblent une
lecture plus proportionnée à des gens moins avancés.
Il faut pourtant s'en fier à M. Rollin, qui a beaucoup
de jugement et de capacité. On ne trouve les fables de
M. de la Fontaine que chez M. Thierry ou chez M. Bar-
bin. Cela m'embarrasse un peu, parce que j'ai peur
qu'ils ne veuillent pas prendre de mon argent. Je
voudrais que vous en pussiez emprunter à quelqu'un
jusqu'à mon retour. Je crois que M. Despréaux les a,
et il vous les prêterait volontiers, ou bien votre mère
pourrait aller avec vous sans façon chez M. Thierry,
et les lui demander en les payant. Adieu, mon cher
fils. Dites à vos sœurs que je suis fort aise qu'elles se
souviennent de moi, et qu'elles souhaitent de me

revoir. Je les exhorte à bien servir Dieu, et vous
surtout, afin que, pendant cette année de rhétorique
que vous commencez, il vous soutienne et vous fasse
la grâce de vous avancer de plus en plus dans sa connaissance et dans son amour. Croyez-moi, c'est là ce
qu'il y a de solide au monde : tout le reste est bien
frivole.

LETTRE V

A Fontainebleau, le 9 octobre 1692.

Je voulais presque me donner la peine de corriger
les fautes de votre version, et de vous la renvoyer en
l'état où il faudrait qu'elle fût ; mais j'ai trouvé que
cela me prendrait trop de temps à cause de la quantité d'endroits où vous n'avez pas attrapé le sens. Je
vois bien que ces épîtres (celles de Cicéron à Atticus)
sont encore trop difficiles pour vous, parce que, pour
les bien entendre, il faut posséder parfaitement
l'histoire de ces temps-là, et que vous ne la savez
point. Ainsi je trouverais plus à propos que vous me
fissiez à votre loisir une version de cette bataille de
Trasimène, dont vous avez été si charmé, à commencer
par la description de l'endroit où elle se donna. Ne
vous pressez point, et tournez la chose le plus natu-

rellement que vous pourrez. J'approuve fort vos pro-
menades d'Auteuil, et vous m'en rendez un fort bon
compte; mais faites bien concevoir à M. Despréaux
combien vous êtes reconnaissant de la bonté qu'il a
de se rabaisser à s'entretenir avec vous. Vous pouvez
prendre Voiture parmi mes livres, si cela vous fait
plaisir; mais il faut un grand choix pour lire ses
lettres, dont il y en a plusieurs qui ne vous feraient
pas grand plaisir. J'aimerais bien autant que, si vous
voulez lire quelque livre français, vous prissiez la
traduction d'Hérodote, qui est fort divertissant et qui
vous apprendrait la plus ancienne histoire qui soit
parmi les hommes, après l'Écriture sainte. Il me
semble qu'à votre âge il ne faut pas voltiger de
lecture en lecture; ce qui ne servirait qu'à vous
dissiper l'esprit et à vous embarrasser la mémoire.
Nous verrons cela plus à fond quand je serai de retour à Paris. Adieu, mon cher fils, faites mes baisemains à vos sœurs.

LETTRE VI

Au camp de Thieusies, le 3 juin 1693.

Vous me faites plaisir de me rendre compte des
lectures que vous faites; mais je vous exhorte à ne

pas donner toute votre attention aux poëtes français.
Songez qu'ils ne doivent servir qu'à votre récréation,
et non pas à faire votre véritable étude. Ainsi je souhaiterais que vous prissiez quelquefois plaisir à m'entretenir d'Homère, de Quintilien et des autres auteurs
de cette nature. Quant à votre épigramme (1), je
voudrais que vous ne l'eussiez point faite. Outre
qu'elle est assez médiocre, je ne saurais trop vous recommander de ne vous point laisser aller à la tenta-
tion de faire des vers français, qui ne serviraient qu'à
vous dissiper l'esprit; surtout il n'en faut faire contre
personne.

M. Despréaux a un talent qui lui est particulier, et
qui ne doit point vous servir d'exemple, ni à vous, ni
à qui que ce soit. Il n'a pas seulement reçu du Ciel
un génie merveilleux pour la satire, mais il a encore
avec cela un jugement excellent, qui lui fait discerner ce qu'il faut louer et ce qu'il faut reprendre. S'il
a la bonté de vouloir s'amuser avec vous, c'est une
des grandes félicités qui vous puisse arriver, et je
vous conseille d'en bien profiter en l'écoutant beaucoup, et en décidant peu avec lui. Je vous dirai aussi
que vous me feriez plaisir de vous attacher à votre
écriture. Je veux croire que vous avez écrit fort vite

(1) C'était une épigramme contre Perrault, à l'occasion de la querelle
des Anciens et des Modernes. Jean-Baptiste Racine fut docile à la leçon
de son père, et de toute sa vie il ne fit plus un seul vers.

les deux lettres que j'ai reçues de vous, car le caractère en paraît beaucoup négligé. Que tout ce que je vous dis ne vous chagrine point; car du reste je suis très-content de vous, et ne vous donne ces petits avis que pour vous exciter à faire de votre mieux en toutes choses. Votre mère vous fera part des nouvelles que je lui mande. Adieu, mon cher fils. Je ne sais pas bien si je serai en état d'écrire ni à vous ni à personne de plus de quatre jours; mais continuez à me mander de vos nouvelles. Parlez-moi aussi un peu de vos sœurs, que vous me ferez plaisir d'embrasser pour moi. Je suis tout à vous.

Suscription : *Pour mon fils Racine.*

LETTRE VII

Fontainebleau, 14 octobre 1693.

Je ne saurais m'empêcher de vous dire, mon cher fils, que je suis très-content de tout ce que votre mère m'écrit de vous. Je vois par ces lettres que vous êtes fort attaché à bien faire, mais surtout que vous craignez Dieu, et que vous prenez du plaisir à le servir. C'est la plus grande satisfaction que je puisse recevoir, et en même temps la meilleure fortune que je vous puisse souhaiter. J'espère que plus vous irez en avant, plus vous trouverez qu'il n'y a de véritable bonheur que celui-là. J'approuve la manière dont vous distribuez votre temps et vos études; je voûdrais seulement qu'aux jours que vous n'allez point au col-lége, vous pussiez relire de votre Cicéron, et vous rafraîchir la mémoire des plus beaux endroits ou d'Horace ou de Virgile, ces auteurs étant fort pro-pres à vous accoutumer à penser et à écrire avec jus-tesse et avec netteté. . . . .

. . . .

Il me semble que, dans une de vos lettres, vous me demandiez la permission de faire présent d'une *Athalie* à un chartreux. Vous le pouvez faire sans dif-ficulté. Je suis seulement fâché de ne m'être pas sou-venu plus tôt de vous en parler.

Le roi partira de demain en huit jours pour aller à Choisy, où il doit coucher deux nuits. Pour moi, j'irai ce jour-là tout droit à Paris, et j'espère que ce sera avec M. de Cavoie, qui commence à se mieux porter, et à qui M. Félix promet une prochaine gué-rison...

LETTRE VIII

Paris, ce 3 juin 1695.

C'est tout de bon que nous partons aujourd'hui pour notre voyage de Picardie (1). Comme je serai quinze jours sans vous voir, et que vous êtes continuellement présent à mon esprit, je ne puis m'empêcher de vous répéter encore deux ou trois choses que je crois très-importantes pour votre conduite.

La première, c'est d'être extrêmement circonspect dans vos paroles, et d'éviter avec grand soin la réputation d'être un parleur, qui est la plus méchante réputation qu'un jeune homme puisse avoir dans le pays où vous êtes. La seconde est d'avoir une extrême docilité pour les avis de M. et Mme Vigan (2), qui vous aiment comme leur enfant.

J'ai oublié de vous recommander d'être fort exact aux heures de leurs repas, et de ne faire jamais attendre après vous. Ainsi, ajustez si bien vos prome-

(1) Il partait pour Montdidier, où était la famille de Mme Racine, et il allait visiter un domaine que sa femme lui avait apporté en mariage.

(2) J.-B. Racine était alors entré en fonctions de gentilhomme ordinaire du roi, et il était de service à Versailles, où il logeait chez M. Vigan, aux Petites-Écuries.

nades et vos récréations, que vous ne leur soyez jamais à charge.

N'oubliez point vos études, et cultivez continuellement votre mémoire, qui a grand besoin d'être exercée. Je vous demanderai compte à mon retour de vos lectures; et surtout de l'histoire de France, dont je vous demanderai à voir vos extraits...

LETTRE IX

A Montdidier, le 9 juin 1695.

Votre lettre nous a fait ici un très-grand plaisir; et, quoiqu'elle ne nous ait pas appris beaucoup de nouvelles, elle nous a du moins fait juger qu'il n'y avait pas un mot de vrai de toutes celles qu'on débite dans ce pays-ci. C'est une plaisante chose que les provinces : tout le monde y est nouvelliste dès le berceau, et vous n'y rencontrez que gens qui débitent gravement et affirmativement les plus sottes choses du monde.

Je vous sais un très-bon gré des égards que vous avez pour moi au sujet des opéras et des comédies; mais vous voulez bien que je vous dise que ma joie serait complète si le bon Dieu entrait un peu dans vos considérations. Je sais bien que vous ne seriez pas déshonoré devant les hommes en y allant; mais ne comptez-vous pour rien de vous déshonorer devant Dieu? Pensez-vous vous-même que les hommes ne trouvassent pas étrange de vous voir, à votre âge, pratiquer des maximes si différentes des miennes? Songez que M. le duc de Bourgogne, qui a un goût merveilleux pour toutes ces choses, n'a encore été à aucun spectacle, et qu'il veut bien en cela se laisser conduire par les gens qui sont chargés de son éducation. Et quels gens trouverez-vous au monde plus sages et plus estimés que ceux-là? Du reste, mon fils, je suis fort content de votre lettre. Faites bien mes compliments à M. de Cavoie et à MM. Félix, sans oublier M. Vigan...

LETTRE X

A Paris, ce vendredi au soir 5 avril 1697.

. . . .

Si par hasard vous voyez l'abbé de Coislin, dites-lui qu'on m'a apporté de sa part une très-belle *Semaine-Sainte*, et que j'ai beaucoup d'impatience d'être à Versailles pour lui en faire mes très-humbles remerciments. Il est tous les jours à la messe du roi, et vous pourrez le voir à la sortie de la chapelle.

J'ai vu votre sœur, dont on est très-content aux

Carmélites, et qui témoigne toujours une grande
envie de s'y consacrer à Dieu. Votre sœur Nanette
nous accable tous les jours de lettres, pour nous
obliger de consentir à la laisser entrer au noviciat.
J'ai bien des grâces à rendre à Dieu d'avoir inspiré à
vos sœurs tant de ferveur pour son service et un si
grand désir de se sauver. Je voudrais de tout mon
cœur que de tels exemples vous touchassent assez
pour vous donner envie d'être bon chrétien. Voici un
temps (1) où vous voulez bien que je vous exhorte,
par toute la tendresse que j'ai pour vous, à faire quelques réflexions un peu sérieuses sur la nécessité qu'il
y a de travailler à son salut, à quelque état que l'on
soit appelé. Votre mère, aüssi bien que vos sœurs et
votre petit frère, aurait beaucoup de joie de vous
revoir. Bonsoir, mon cher fils.

LETTRE XI

A Paris, ce 26 janvier 1698.

Vraisemblablement vous aviez pris des Mémoires de
M. de Cély (2), pour avoir fait une course aussi ex-

---

(1) Cette lettre était écrite le vendredi saint.
(2) Nicolas-Auguste de Harlay, comte de Cély, l'un des trois plénipo-
tentiaires du traité de Riswick. Il avait été chargé, lors de la signature
de la paix, d'en aller porter la nouvelle à Louis XIV ; mais il fit si peu

traordinaire que celle que vous avez faite. J'avais été
fort en peine les premiers jours de votre voyage, dans
la peur où j'étais que, par trop d'envie d'aller vite, il
ne vous fût arrivé quelque accident; mais quand j'appris, par votre lettre de Mons, que vous n'étiez parti
qu'à neuf heures de Cambrai, et que vous tiriez vanité
d'avoir fait une si grande journée, je vis qu'il fallait
se reposer sur vous de la conservation de votre personne. Surtout votre long séjour à Bruxelles et toutes
les visites que vous y avez faites méritent que vous en
donniez une relation au public : je ne doute pas même
que vous n'y ayez été à l'Opéra avec la dépêche du
roi dans votre poche. Vous rejetez la faute sur M. Bom-
barde (*banquier de Bruxelles*), comme si, en arrivant
à Bruxelles, vous n'aviez pas dû courir d'abord chez
lui et ne vous point coucher que vous n'eussiez fait
vos affaires, pour être en état de partir le lendemain
de bon matin. Je ne sais pas ce que dira là-dessus
M. de Bonrepaux; mais je sais bien que vous avez
bon besoin de réparer, par une conduite sage à la
Haye, la conduite peu sensée que vous avez eue dans
votre voyage. Pour moi, je vous avoue que j'ap-

---

de diligence, qu'avant son arrivée le roi était informé de la conclusion.
M. de Cély devint l'objet des chansons et des brocards, et c'est à quoi
Racine fait allusion pour réprimander son fils. Celui-ci avait été chargé
par M. de Torcy de porter des dépêches à M. de Bonrepaux, ambassadeur
de France à la Haye, et au lieu de se rendre sur-le-champ à cette des-
tination, il s'était arrêté quelques jours à Mons et à Bruxelles.

préhende de retoürner à la cour, et surtout de paraître devant M. de Torcy, à qui, vous jugez bien, je n'oserai pas demander d'ordonnance pour votre voyage, n'étant pas juste que le roi paie la curiosité que vous avez eue de voir les chanoinesses de Mons et la cour de Bruxelles.

Comme je vous dis franchement ma pensée sur le mal, je veux bien vous la dire aussi sur le bien. M. l'archevêque de Cambrai (Fénelon) paraît très-content de vous, et vous m'avez fait plaisir de m'écrire le détail des bons traitements que vous avez reçus de lui, dont il ne m'avait pas mandé un mot, témoignant même du déplaisir de ne vous avoir pas assez bien fait les honneurs de son palais brûlé (1).

Cela m'oblige de lui écrire une nouvelle lettre de remercîment. Vous trouverez dans les ballots de M. l'ambassadeur un étui où il y a deux chapeaux pour vous, un castor fin et un demi-castor, et vous trouverez aussi une paire de souliers des frères (2).

. . . . Au nom de Dieu faites un peu plus de réflexion sur votre conduite, et défiez-vous sur toutes choses d'une certaine fantaisie qui vous porte toujours à satisfaire votre propre vo-

(1) Peu de temps auparavant le feu avait pris au palais de Fénelon, archevêque de Cambrai, et y avait consumé, avec une riche bibliothèque, tout le mobilier.

(2) C'était une confrérie de frères cordonniers établis à Paris dans le quartier de la Cité.

lonté au hasard de tout ce qui en peut arriver. Vos
sœurs vous font bien des compliments, et surtout
Nanette. Mandez-moi de vos nouvelles le plus souvent que vous pourrez.

Suscription : *A M. Racine, gentilhomme ordinaire
du roi, chez M. l'ambassadeur de France, à la
Haye.*

LETTRE XII

A Paris, le 31 janvier 1698.

Votre mère et toute la famille a eu une grande joie
d'apprendre que vous étiez arrivé en bonne santé. Je
n'ai point encore été à la cour depuis que vous êtes
parti, mais j'espère d'y aller demain. Je crains toujours de paraître devant M. de Torcy, de peur qu'il
ne me fasse des plaisanteries sur votre course ; mais il
faut me résoudre à les essuyer, et lui faire espérer
qu'une autre fois vous ferez plus de diligence si l'on
veut bien vous confier à l'avenir quelque chose dont
on soit pressé d'avoir des nouvelles. Je vois que M. de
Bonrepaux a pris tout cela avec sa bonté ordinaire,
et qu'il tâche même de vous excuser. Du reste, vos
lettres nous font beaucoup de plaisir, et je serai bien
aise d'en recevoir souvent. Je vous écrirai plus au

long à mon retour de Marly, me trouvant aujourd'hui accablé d'affaires au sujet de l'argent qu'il faut que je donne pour ma taxe; faites mille compliments pour moi à M. de Bonac. J'ai donné à M. Pierret mes œuvres pour les lui porter.

LETTRE XIII

A Marly, le 5 février 1698.

Il est juste que je vous fasse part de ma satisfaction, comme je voüs ai fait souffrir de mes inquiétudes. Non-seulement M. de Torcy n'a point pris en mal votre séjour à Bruxelles, mais il a même approuvé tout ce que vous y avez fait, et a été bien aise que vous ayez fait la révérence à M. de Bavière (1). Vous ne devez point trouver étrange que, vous aimant comme je fais, je sois si facile à m'alarmer sur toutes les choses qui ont de l'air d'une faute, et qui pourraient faire tort à la bonne opinion que je souhaite qu'on ait de vous. On m'a donné pour vous une ordonnance de voyage : j'irai la recevoir quand je serai à Paris, et je vous en tiendrai bon compte. Mandez-moi bien franchement tous vos besoins.

(1) Maximilien-Emmanuel de Bavière, frère de la Dauphine, et à ce moment gouverneur des Pays-Bas.

J'approuve au dernier point les sentiments où vous êtes sur toutes les bontés de M. de Bonrepaux, et la résolution que vous avez prise de n'en point abuser. Faites bien mes compliments à M. de Bonac, et témoignez-lui ma reconnaissance pour l'amitié dont il vous honore. Son extrême honnêteté est un beau modèle pour vous; et je ne saurais assez louer Dieu de vous avoir procuré des amis de ce mérite. Vous avez eu quelque raison d'attribuer l'heureux succès de votre voyage, par un si mauvais temps, aux prières qu'on a faites pour vous. Je compte les miennes pour rien; mais votre mère et vos petites sœurs priaient tous les jours Dieu qu'il vous préservât de tout accident; et on faisait la même chose à Port-Royal. Il avait couru un bruit qui aura peut-être été jusqu'à vous, qu'on avait permission de recevoir des novices dans cette maison; mais il n'en est rien, et les choses sont toujours au même état. Je doute que votre sœur puisse y demeurer longtemps, à cause de ses fréquentes migraines, et à cause qu'il y a si peu d'apparence qu'elle y puisse rester pour toute sa vie. .   .   .   .   :

.   .   .   .

Le jour me manque, et je suis paresseux d'allumer de la bougie. Vous ne sauriez m'écrire trop souvent si vous avez envie de me faire plaisir. Vos lettres me semblent très-naturellement écrites; et plus vous

en écrirez, plus aussi vous y aurez de facilité. Adieu,
mon cher fils. J'ai laissé votre mère en bonne santé.
Vous ne sauriez trop lui faire d'amitiés dans vos
lettres; car elle mérite que vous l'aimiez, et que vous
en donniez des marques. M. de Torcy m'a appris que
vous étiez dans la *Gazette de Hollande;* si je l'avais
su, je l'aurais fait acheter pour la lire à vos petites
sœurs, qui vous croiraient devenu un homme de
conséquence.

LETTRE XIV

A Paris, ce 13 février 1698.

Je crois que vous aurez été content de ma dernière
lettre et de la réparation que je vous y faisais de tout
le chagrin que je puis vous avoir donné sur votre
voyage.

Vous êtes extrêmement obligé à M. de Bonac de
tout le bien qu'il mande ici de vous: et tout ce que
j'ai à souhaiter, c'est que vous souteniez la bonne
opinion qu'il a conçue de vous. Vous me ferez un
extrême plaisir de lui demander pour moi quelque
place dans son amitié, et de lui bien témoigner combien je suis sensible à toutes ses bontés. Je crois qu'il
n'est pas besoin de vous exhorter à n'en point abuser;
je vous ai toujours vu une grande appréhension d'être

à charge à personne, et c'est une des choses qui me plaisaient le plus en vous.

J'ai trouvé à Versailles un tiroir plein de livres, dont une partie était à moi, et l'autre vous appartient; je vous les souhaiterais tous à la Haye, à la réserve de deux ou trois, qui en vérité ne valent pas la reliure, etc. Votre mère a reçu une grande lettre de votre sœur aînée, qui était fort en peine de vous, et qui nous prie instamment de la laisser où elle est (1). Cependant il n'y a gnère d'apparence de l'y laisser plus longtemps : la pauvre enfant me fait beaucoup de compassion, par le grand attachement qu'elle a conçu pour une maison dont les portes vraisemblablement ne s'ouvriront pas sitôt. Votre sœur Nanette est tombée ces jours passés, et s'était fait un grand mal à un genou; mais elle se porte bien, Dieu merci.

Il me paraît, par votre dernière lettre, que vous aviez beaucoup d'occupation, et que vous étiez fort aise d'en avoir. C'est la meilleure nouvelle que vous me puissiez mander; et je serai à la joie de mon cœur quand je verrai que vous prenez plaisir à vous instruire et à vous rendre capable de profiter des bontés que l'on pourra avoir pour vous. Adieu, mon cher fils; écrivez-moi toutes les fois que cela ne vous dé-

_____

(1) A Port-Royal.

tournera point de quelque meilleure occupation.
Votre mère serait curieuse de savoir ce qui vous est
resté de tout ce qu'elle vous avait donné pour votre
voyage. . . . .

. . . .

LETTRE XV

A Paris, ce 24 février 1698.

Je me trouvai si accablé d'affaires vendredi dernier, que je ne pus trouver le temps de vous écrire ;
mais je n'en ai guère davantage aujourd'hui ; j'ai
attendu si tard à commencer ma lettre, qu'il faut que
je la fasse fort courte si je veux qu'elle parte aujour-
d'hui. Je n'ai point encore vu M. l'abbé de Château-
neuf, mais il me revient de plusieurs endroits qu'il
parle très-obligeamment de vous, et qu'il est surtout
très-édifié de la résolution où vous êtes de bien
employer votre temps auprès de M. l'ambassadeur.
Il a dit à M. Dacier que le premier livre que vous
aviez acheté en Hollande, c'était Homère, et que vous
preniez grand plaisir à le relire. Cela vous fit beaucoup d'honneur dans notre petite académie, où
M. Dacier dit cette nouvelle, et cela donna sujet à
M. Déspréaux de s'étendre sur vos louanges, c'est-à-
dire sur les espérances qu'il a conçues de vous ; car

vous savez que Cicéron dit que, dans un homme de
votre âge, on ne peut guère louer que l'espérance ;
mais l'homme du monde à qui vous êtes le plus
obligé, c'est M. de Bonac ; il parle de vous dans toutes
ses lettres, comme si vous aviez l'honneur d'être son
frère. Je vous estime d'autant plus heureux de cette
bonne opinion qu'il a conçue de vous, que lui-même
est ici en réputation d'être un des plus aimables et des
plus honnêtes hommes du monde. Tous ceux qui l'ont
vu en Danemark, ou à la Haye, sont revenus charmés
de sa politesse et de son esprit. Voilà de bons exemples
que vous avez devant vous, et vous n'avez qu'à imiter
ce que vous voyez.

Je lus à M. Despréaux votre dernière lettre comme
il était au logis ; il en fut très-content, et trouva que
vous écriviez très-naturellement. Je lui montrai l'endroit de votre lettre où vous disiez que vous parliez souvent de lui avec M. l'ambassadeur ; et comme il est fort
bon homme, cela l'attendrit beaucoup, et lui fit dire
de grand bien et de M. l'ambassadeur et de vous...

. . . .

LETTRE XVI

A Paris, le 27 février 1698.

M. Despréaux a dîné aujourd'hui au logis, et nous

lui avons fait très-bonne chère, grâce à un fort grand brochet et une belle carpe qu'on nous a envoyés de Port-Royal. M. Despréaux venait de toucher sa pension, et de porter à M. Caillet dix mille francs pour se faire cinq cent cinquante livres de rente sur la ville. Demain M. de Valincour viendra encore dîner au logis avec M. Despréaux. Vous jugez bien que cela ne se passera pas sans boire à la santé de M. l'ambassadeur et à la vôtre. J'ai été un peu incommodé ces jours passés; mais cela n'a pas eu de suite, Dieu merci, et nous sommes tous en bonne santé. M. Pierret m'a conté que M. de la Clausure avait été douze jours à venir ici de la Haye en poste, et m'a fait là—dessus un grand éloge de votre diligence. Dans la vérité, je suis fort content de vous, et vous le seriez beaucoup de votre mère et de moi si vous saviez avec quelle tendresse nous nous parlons souvent de vous. Songez que notre ambition est fort bornée du côté de la fortune, et que la chose que nous demandons de meilleur cœur au bon Dieu, c'est qu'il vous fasse la grâce d'être homme de bien, et d'avoir une conduite qui réponde à l'éducation que nous avons tâché de vous donner. . . . .

LETTRE XVII

A Paris, le 10 mars 1698.

Votre mère se porte bien. Madelon et Lionval (1) sont un peu incommodés, et je ne sais s'il ne faudra point leur faire rompre carême: j'en étais assez d'avis, mais votre mère croit que cela n'est pas nécessaire. Comme le temps de Pâques approche, vous voulez bien que je songe un peu à vous et que je vous recommande aussi d'y songer. Vous ne m'avez encore rien mandé de la chapelle de M. l'ambassadeur. Je sais combien il est attentif aux choses de la religion, et qu'il s'en fait une affaire capitale. Est-ce des prêtres séculiers par qui il la fait desservir, ou bien sont-ce des religieux? Je vous conjure de prendre en bonne part les avis que je vous donne là-dessus, et de vous souvenir que, comme je n'ai plus rien à cœur que de me sauver, je ne puis avoir de véritable joie si vous négligiez une affaire si importante, et la seule proprement à laquelle nous devrions tous travailler. On m'a dit qu'il fallait absolument que votre sœur aînée revînt avec nous, et j'irai au plus tard la

(1) Madeleine Racine, la cinquième des filles, était née en 1688, et mourut fille en 1741. Lionval était le nom que portait, dans son enfance, Louis Racine, qui avait alors cinq ans et demi.

semaine de Pâques pour la ramener : ce sera une rude séparation pour elle et pour ces saintes filles, qui étaient ravies de l'avoir et sont fort contentes d'elle. Nanette vous fait ses compliments dans toutes ses lettres. Votre cousin de Romanet n'a point d'autre parti à prendre que de s'en retourner à Montdidier, M. de Barbezieux s'étant mis en tête de ne point prendre de surnuméraire dans le bureau de M. Dufresnoy, et n'ayant point de place dans tous les autres bureaux. M. Begon m'a promis qu'il m'avertirait quand il en aurait, mais ce ne sera pas sitôt apparemment. Je plains fort votre cousin, qui avait bonne envie de travailler, et dont M. Dufresnoy était content au dernier point.

LETTRE XVIII

A Paris, le lundi de Pâques 31 mars 1698.

J'ai lu avec beaucoup de plaisir tout ce que vous m'avez mandé de la manière édifiante dont le service se fait dans la chapelle de M. l'ambassadeur, et sur les dispositions où vous étiez de bien employer ce saint temps, dont voilà déjà une partie de passé. Je vous assure que vous auriez encore pensé plus sérieusement que vous ne faites peut-être sur l'incertitude de la mort et sur le peu que c'est que la vie, si vous aviez eu le triste spectacle que nous venons d'avoir, votre mère et moi, cette après-dînée. La pauvre Fanchon (1) s'était beaucoup plainte de maux de tête tout le matin : elle avait pourtant été à confesse à Saint-André. En dînant, ses maux de tête l'ont reprise, et on a été obligé de la faire mettre sur son lit. Sur les trois heures, comme je prenais mon livre pour aller à vêpres, j'ai demandé de ses nouvelles. Votre mère, qui la venait de quitter, m'a dit qu'elle lui trouvait un peu de fièvre. J'ai été pour lui tâter le pouls; je l'ai trouvée renversée sur son lit, la tête qui lui traînait à terre, le visage tout bleu et tout bouffi, sans la moindre connaissance, avec une quantité horrible d'eaux qui l'étouffaient et qui faisaient un bruit effroyable dans sa gorge; enfin, une vraie apoplexie. J'ai fait un grand cri, et je l'ai prise dans mes bras; mais sa tête et tout son corps n'étaient plus que comme un sac mouillé; ses yeux étaient tout renversés dans sa tête : un moment plus tard elle était morte. Votre mère est venue tout éperdue, et lui a jeté deux ou trois poignées de sel dans la bouche, en lui ouvrant les dents par force; on l'a baignée d'esprit de vin et de vinaigre; mais elle a été plus d'une grande demi-heure entre nos bras dans le même état que je vous ai représenté, et nous n'attendions que le moment qu'elle

---

(1) Jeanne-Nicole-Françoise Racine, la quatrième des filles de Racine.

allait étouffer. Nous avions vite envoyé chez M. Maréchal et chez M. du Tartre; mais personne n'était au logis. A la fin, à force de la tourmenter et de lui faire avaler par force tantôt du vin, tantôt du sel, elle a vomi une quantité épouvantable d'eaux qui lui étaient tombées du cerveau dans la poitrine. Elle a pourtant été deux heures entières sans revenir à elle, et il n'y a qu'une heure à peu près que la connaissance lui est revenue. Elle m'a entendu dire à votre mère que j'allais vous écrire, et elle m'a prié de vous faire bien ses compliments; c'est en quelque sorte la première marque de connaissance qu'elle nous a donnée. Elle ne se souvient de rien de tout ce qui lui est arrivé; mais, à cela près, je la crois entièrement hors de péril. Je m'assure que vous auriez été aussi ému que nous l'avons tous été. Madelon en est encore tout effrayée, et a bien pleuré sa sœur, qu'elle croyait morte. . . . .

LETTRE XIX

A Paris, le 14 avril 1698.

Votre petit frère est fort enrhumé, aussi bien que Madelon; ils ne font tous deux que tousser. Fanchon est assez bien et ne se ressent plus de son accident, que M. Fagon appelle un catharre suffocant. Il nous a conseillé de lui donner de l'émétique; mais on ne peut venir à bout de lui faire rien prendre. Votre mère et votre sœur se portent bien et vous font leurs compliments.

Vous trouverez des ratures au bas de cette page qui vous surprendront; mais quand j'ai commencé ma lettre, je ne m'étais pas aperçu de ces quatre lignes par où j'avais commencé celle que j'écrivais à M. de Bonrepaux, à qui je me suis résolu d'écrire sur de plus grand papier. M. Quentin et plusieurs autres de vos amis me demandent souvent de vos noùvelles. M. Despréaux vous fait aussi ses compliments : il est à la joie de son cœur depuis qu'il a vu son *Amour de Dieu* imprimé avec de grands éloges dans une réponse qu'on a faite au père Daniel, qui avait écrit contre les *Lettres provinciales*. Il avait voulu s'établir à Auteuil; mais il s'était trop pressé, et le retour du vilain temps l'a fait revenir plus vite qu'il n'y était allé.

LETTRE XX

A Paris, le 2 mai 1698.

. . . .

Il y aura demain trois semaines que je ne suis sorti de Paris, et je pourrais bien y en demeurer encore autant, à cause de cette espèce de petit érésipèle que

j'ai, et des médecines qu'il faudra prendre quand je
ne l'aurai plus. Vous ne sauriez croire combien je me
plais dans cette espèce de retraite, et avec quelle ardeur je demande au bon Dieu que vous soyez en état
de vous passer de mes petits secours, afin que je
commence un peu à me reposer et à mener une vie
conforme à mon âge et même à mon inclination.
M. Despréaux m'a tenu très-bonne compagnie : il est
présentement établi à Auteuil, où nous l'irons voir
quelquefois quand le temps sera plus doux et que je
pourrai prendre l'air sans m'incommoder. Je vais souvent voir M. de Cavoie, qui n'est qu'à deux pas de
chez moi, et ce sont presque les seules visites que je
fasse.

Toutes vos sœurs sont en très-bonne santé, aussi
bien celles qui sont au logis que celles de Melun et de
Variville, qui témoignent l'une et l'autre une grande
ferveur pour achever de se consacrer à Dieu. Babet
m'écrit les plus jolies lettres du monde et les plus
vives, sans beaucoup d'ordre, comme vous pouvez
croire, mais entièrement conformes au caractère que
vous lui connaissez. Elle nous demande avec grand
soin de vos nouvelles. M. Boileau, frère de M. Despréaux, vit Nanette il y a huit jours, et la trouva d'une
gaieté extraordinaire. Votre sœur aînée est toujours
un peu sujette à ses migraines. Adieu, mon cher fils ;
je vous écrirai plus au long une autre fois. J'ai si mal

dormi la nuit dernière, que je n'ai pas la tête bien
libre ni assez reposée pour écrire davantage. Mille
compliments à M. de Bonac. N'ayez surtout aucune
inquiétude sur ma santé, qui, au fond, est très-bonne.

LETTRE XXI

A Paris, le 23 juin 1698.

Votre mère s'est fort attendrie à la lecture de votre
dernière lettre, où vous mandiez qu'une de vos plus
grandes consolations était de recevoir de nos nouvelles. Elle est très-contente de ces marques de votre
bon naturel; mais je puis vous assurer qu'en cela vous
nous rendez bien justice, et que les lettres que nous
recevons de vous font toute la joie de la famille, depuis
le plus grand jusqu'au plus petit. Ils m'ont tous prié
aujourd'hui de vous faire leurs compliments, et votre
sœur aînée comme les autres. La pauvre fille me fait
assez pitié par l'incertitude que je vois dans ses réso-
lutions, tantôt à Dieu, tantôt au monde, et craignant
également de s'engager de façon ou d'autre. Du reste,
elle est fort douce, et votre mère est très-contente
de la manière dont elle se conduit envers elle. Madelon
a eu ces jours passés une petite vérole volante, qui
n'aura pas de suites pour elle. Dieu veuille que les
autres ne s'en ressentent pas! Je crains surtout pour

le petit Lionval, qui pourrait bien en être pris tout de
bon. Il est très-joli, apprend bien, et, quoique fort
éveillé, ne nous donne pas la moindre peine. . .

. . . .

J'aurais une joie sensible de voir la maison de
campagne dont vous faites tant de récit, et d'y mauger
avec vous des groseilles de Hollande. Ces groseilles
ont bien fait ouvrir les oreilles à vos petites sœurs et à
votre mère elle-même, qui les aime fort, comme vous
savez. Je ne saurais m'empêcher de vous dire qu'à
chaque chose d'un peu bon que l'on nous sert sur la
table, il lui échappe toujours de dire : *Racine man-
gerait volontiers d'une telle chose.* Je n'ai jamais vu, en
vérité, une si bonne mère, ni si digne que vous fassiez
votre possible pour reconnaître son amitié. Au moment où je vous écris ceci, vos deux petites sœurs me
viennent apporter un bouquet pour ma fête, qui sera
demain, et qui sera aussi la vôtre. Trouverez-vous bon
que je vous fasse souvenir que ce même saint Jean,
qui est votre patron, est aussi invoqué par l'Église
comme le patron des gens qui sont en voyage, et
qu'elle lui adresse pour eux une prière qui est dans
l'itinéraire, et que j'ai dite plusieurs fois à votre
intention? Adieu, mon cher fils. Faites mille amitiés
pour moi à M. de Bonac, et assurez M. l'ambassadeur
du respect et de la reconnaissance que ma femme et
toute ma famille ont pour lui.

LETTRE XXII

A Paris, le 24 juillet 1698.

M. de Bonac vous dira plus de nouvelles que je ne vous en puis écrire, et même des nôtres, nous ayant fait l'honneur de nous voir souvent, et de dîner quelquefois avec la petite famille. Il vous pourra dire qu'elle est fort gaie, à la réserve de votre sœur, qui fut fort triste le dernier jour qu'il dîna chez nous ; mais elle était alors si accablée de sa migraine, qu'elle se jeta dans son lit dès qu'il fut sorti, et y demeura jusqu'au lendemain sans boire ni manger. Je la plains fort d'y être si sujette, cela même est cause de toutes les irrésolutions où elle est sur l'état qu'elle doit embrasser. Je fais mon possible pour la réjouir ; mais nous menons une vie si retirée, qu'elle ne peut guère trouver de divertissements avec nous. Elle prétend qu'elle ne se soucie point de voir le monde, et elle n'a guère d'autres plaisirs que dans la lecture, n'étant que fort peu sensible à tout le reste. Le temps de la profession de Nanette s'avance fort, et il n'y a plus que trois mois jusque-là. Nanette a grande impatience que ce temps-là arrive. Babet témoigne aussi une grande envie de demeurer à Variville. Votre cousin le mousquetaire, qui l'a été voir, il y a

trois jours, en revenant de Montdidier, l'a trouvée
fort grande et fort jolie. On est toujours chârmé d'elle
dans cette maison ; mais nous avons résolu de ne l'y
plus laisser qu'un an, après quoi nous la reprendrons
avec nous pour bien examiner sa vocation. Pour
Fanchon, il lui tarde beaucoup qu'elle ne soit à
Melun avec sa sœur Nanette, et elle ne parle d'autre
chose. Sa petite sœur n'a pas les mêmes impatiences
de nous quitter, et me paraît avoir beaucoup de goût
pour le monde. Elle raisonne sur toutes choses avec
un esprit qui vous surprendrait, et est fort railleuse,
de quoi je lui fais souvent la guerre. Je prétends mettre
votre petit frère, l'année qui vient, avec M. Rollin,
à qui M. l'archevêque a confié les petits MM. de
Noailles. M. Rollin a pris un logement au collége de
Laon, près de Sainte-Geneviève, dans le pays latin. Il
a pris aussi quelques autres jeunes enfants. M. d'Ernoton, notre voisin, y voulait mettre son petit-fils le
chevalier, et on en était convenu de part et d'autre ;
mais, quand ce vint au fait et au prendre, on a trouvé
ce petit garçon trop éveillé pour le mettre avec les
autres, de quoi M. d'Ernoton a été fort offensé.

M. de Bonac vous pourra dire combien Despréaux
lui témoigna d'amitié pour vous ; mais il attend que
vous lui écriviez le premier. Il est heureux comme un
roi dans sa solitude ou plutôt dans son hôtellerie
d'Auteuil. Je l'appelle ainsi parce qu'il n'y a point

dè jour où il n'y ait quelque nouvel écot, et souvent deux ou trois qui ne se connaissent pas trop les uns les autres. Il est heureux de s'accommoder ainsi de tout le monde. Pour moi, j'aurais cent fois vendu la maison.

LETTRE XXIII

A Paris, le 18 août 1698.

J'avais résolu d'écrire vendredi dernier à M. l'ambassadeur et à vous, mais il se trouva que c'était le jour de l'Assomption, et vous savez qu'en pareil jour un père de famille comme moi est trop occupé, surtout le matin, pour avoir le temps d'écrire des lettres. Votre mère est fort aise que vous soyez content de la veste qu'elle vous a envoyée. Si elle avait su la couleur de votre habit, elle vous aurait acheté une étoffe qui vous aurait mieux convenu; mais vous dites fort bien que cette étoffe ne vous sera pas inutile, et vous servira pour un autre habit. Votre mère vous remercie de la bonne volonté que vous avez de lui apporter une robe de chambre quand vous viendrez en ce pays-ci; mais elle ne veut point d'étoffe d'or.

On nous manda avant-hier de Melun que votre sœur Nanette avait une grosse fièvre continue avec des redoublements. Nous en attendons des nouvelles

avec beaucoup d'inquiétude, et votre mère a résolu
d'y aller elle-même au premier jour. Vous voyez
qu'avec une si grosse famille on n'est pas sans embarras, et qu'on n'a pas trop le temps de respirer,
une affaire succédant presque toujours à une autre,
sans compter la douleur de voir souffrir les personnes
qu'on aime. . . . .

. . . .

LETTRE XXIV

A Paris, le 12 septembre 1698.

Je ne vous écris qu'un mot pour vous dire seulement des nouvelles de ma santé et de celle de toute
la famille. J'ai encore été un peu incommodé de ma
colique depuis le dernier billet que je vous ai écrit ;
mais n'en soyez point en peine : j'ai tout sujet de
croire que ce n'est rien, et que les purgations empor-
teront toutes ces petites incommodités. Le mal est
qu'il me survient toujours quelque affaire qui m'ôte
le loisir de penser bien sérieusement à ma santé.

Votre mère revint hier au soir de Melun, où elle a
laissé votre Nanette parfaitement guérie, et très-aise
d'avoir été admise à la profession, par toute la communauté, avec des agréments incroyables. Cette cérémonie se fera vers la fin d'octobre, pendant le voyage

de Fontainebleau. Nous lui donnons cinq mille francs
en argent et deux cents livres de pension viagère.
Nous pensions ne donner en argent que quatre mille
francs ; mais votre tante (1) a si bien chicané, qu'il
nous en coûtera cinq mille, tant pour lui bâtir et
meubler une cellule, que pour d'autres petites choses
qui iront au moins à mille francs, sans compter les
dépenses que le voyage et la cérémonie nous coû-
teront.

Nous songeons aussi à marier votre sœur, et si une
affaire dont on nous a parlé réussit, cela se pourra
faire cet hiver, sinon nous attendrons quelque autre
occasion. Elle est fort tranquille là-dessus, et n'a ni
vanité ni ambition, et j'ai tout lieu d'être content
d'elle.

J'ai pensé vous marier vous-même sans que vous
en sussiez rien, et il s'en est peu fallu que la chose
n'ait été engagée ; mais quand c'est venu au fait et au
prendre, je n'ai point trouvé l'affaire aussi avanta-
geuse qu'elle paraissait : elle le pourra être dans vingt
ans, et cependant vous auriez eu un peu à souffrir, et
vous n'auriez pas été fort à votre aise. Je n'aurais
pourtant rien fait sans prendre avis de M. l'ambassadeur, et sans avoir votre approbation. Ceux de mes
amis que j'ai consultés m'ont dit que c'était vous

(1) L'abbesse de Port-Royal-des-Champs.

rompre le cou, et empêcher peut-être votre fortune,
que de vous marier si jeune, en vous donnant un
établissement si médiocre, quoiqu'il y eût des espérances de retour dans vingt ans, comme je vous ai
dit. Je ne vous aurais même rien mandé de tout cela,
si ce n'était que j'ai voulu vous faire voir combien
je songe à vous. Je tâcherai de faire en sorte que vous
soyez content de nous, et nous vous aiderons en tout
ce que nous pourrons. C'est à vous, de votre côté, à
vous aider aussi vous-même en continuant à vous
appliquer sérieusement, et en donnant à M. l'ambassadeur toute la satisfaction que vous pourrez. Je vous
manderai une autre fois, pour vous divertir, le détail
de l'affaire qu'on m'avait proposée. Tout ce que je
puis vous dire, c'est que vous ne connaissiez pas la
personne dont il s'agissait, et que vous ne l'aviez
jamais vue. C'est même une raison qui m'a fait aller
bride en main, puisqu'il est juste que votre goût soit
aussi consulté.   .   .   .   .

.   .   .   .   :   .   .

Vous n'êtes pas le seul à qui il arrive des aventures.
Votre mère et votre sœur me vinrent chercher, il y a
huit jours, à Auteuil, où j'avais dîné. Un orage épouvantable les prit comme elles étaient sur la chaussée.
La grêle, le vent et les éclairs firent une telle peur
aux chevaux que le cocher n'en était plus maître.
Votre sœur, qui se crut perdue, ouvrit la portière,

et se jeta à bas sans savoir ce qu'elle faisait. Le vent
et la grêle la jetèrent par terre et la firent si bien
rouler, qu'elle allait être jetée à bas de la chaussée
sans mon laquais qui courut après, et qui la retint.
On la remit dans le carrosse toute trempée et tout
effrayée. Elle arriva à Auteuil dans ce bel état.
M. Despréaux fit vite allumer un grand feu;
mademoiselle de Frescheville lui prêta une chemise
et un habit, M. Leverrier lui donna de la reine
d'Hongrie; nous la ramenâmes à Paris à la lueur des
éclairs, malgré M. Despréaux qui voulait la retenir.
Elle se mit au lit en arrivant, et y dormit douze
heures durant, après quoi elle se trouva en très-
bonne santé. Il a fallu lui acheter d'autres jupes, et
c'est là tout le plus grand de son aventure. Adieu,
mon cher fils. . . . .

. . . .

LETTRE XXV

A Paris, le 3 octobre 1698.

J'ai la tête si épuisée de tout le sang qu'on m'a
tiré depuis cinq ou six jours, que je laisse à ma
femme le soin de vous écrire de mes nouvelles. Ne
soyez cependant en aucune inquiétude pour ma
santé; elle est, Dieu merci, beaucoup meilleure, et

j'espère être en état d'aller dans huit jours à Fontainebleau. Vous savez ma sincérité, et d'ailleurs je n'ai aucune raison de vous déguiser l'état où je suis. Faites bien mes compliments à M. l'ambassadeur et à M. de Bonac, soyez tranquille et songez un peu au bon Dieu.

Madame Racine continue :

La colique de votre père s'était beaucoup augmentée avec des douleurs insupportables, avec de la fièvre qui était continue, quoiqu'elle ne fût pas considérable. Il a fallu tout de bon se mettre au lit; et l'on a été obligé de saigner deux fois, et faire d'autres remèdes dont il n'est pas tout à fait dehors. Le principal est qu'il a eu une bonne nuit, et qu'il est ce matin sans fièvre, et qu'il ne lui reste plus de sa colique qu'une douleur dans le côté droit quand on y touche ou que votre père s'agite.

Votre père est fort content des réflexions que vous faites dans vos lettres au sujet de l'établissement que nous avons été sur le point de vous donner. Votre tante de Port-Royal en a été aussi fort satisfaite; mais par votre seconde lettre il nous a paru que le bien que cette fille vous apportait avait fait un peu trop d'impression sur votre esprit, et que vous n'aviez pas assez pensé sur ce que votre père vous avait mandé de l'humeur de la personne dont il s'agissait. Je vois bien, mon fils, que vous ne savez pas de quelle importance cela est pour le repos de la vie. C'est pourtant la seule raison qui nous a fait rompre. Pour moi, j'avais encore une raison qui me tenait bien au cœur, c'est que la demoiselle était rousse. Au reste, ne croyez point que nous ayons appréhendé de nous incommoder ; cela ne nous est pas tombé dans l'esprit, et d'ailleurs il ne nous en coûtait guère plus qu'il nous en coûtera pour vous faire subsister. Votre père est si content de vous, qu'il fera toutes choses afin que vous soyez content de lui, pourvu que vous soyez honnête homme, et que vous viviez d'une manière qui réponde à l'éducation que nous avons tâché de vous donner.

LETTRE XXVI

A Paris, le 24 octobre 1698.

Enfin, mon cher fils, je suis, Dieu merci, absolument sans fièvre depuis cinq ou six jours. On m'a déjà purgé une fois, et je m'en suis bien trouvé, et j'espère que je n'ai plus qu'une médecine à essuyer. J'ai pourtant la tête encore bien faible ; la saison n'est pas fort propre pour les convalescents, et ils ont d'ordinaire beaucoup de peine en ces temps-ci à se rétablir. Ma maladie a été considérable ; mais vous pouvez compter que je ne vous ai point trompé, et que, lorsque je vous ai mandé qu'elle était sans péril, c'est que dans ces temps-là on m'assurait qu'elle l'était en effet. Je suis fort aise que vous n'ayez point fait de voyage en ce pays-ci : il aurait été fort inutile, vous aurait coûté beaucoup, et vous aurait détourné du train où vous êtes de vous occuper sous les yeux de M. l'ambassadeur.

LETTRE XXVII

A Paris, le dernier octobre 1698.

Vous pouvez vous assurer, mon cher fils, que ma santé est, Dieu merci, en train de se rétablir entièrement. J'ai été purgé avant-hier pour la dernière fois, et mes médecins ont pris congé de moi en me recommandant néanmoins une très-grande diète pendant quelque temps, et beaucoup de règle dans mes repas pour toute ma vie, ce qui ne me sera pas fort difficile à observer : je ne crains seulement que les tables de la cour; mais je suis trop heureux d'avoir un prétexte d'éviter les grands repas, auxquels aussi bien je ne prends pas un fort grand plaisir depuis quelque temps. J'ai résolu même d'être à Paris le plus souvent que je pourrai, non-seulement pour y avoir soin de ma santé, mais pour n'être point dans

cette horrible dissipation où l'on ne peut éviter d'être
à la cour. Nous partirons mardi qui vient pour Melun,
votre mère, votre sœur aînée et moi, pour la profession
de ma chère fille Nanette, que je ne veux pas faire
languir davantage. Nous ne menons ni les deux
petites ni Lionval. Les chemins sont horribles à cause
des pluies continuelles.

Nous allâmes l'autre jour prendre l'air à Auteuil,
et nous y dînâmes avec toute la petite famille, que
M. Despréaux régala le mieux du monde; ensuite il
mena Lionval et Madelon dans le bois de Boulogne,
badinant avec eux et disant qu'il voulait les mener
perdre. Il n'entendait pas un mot de ce que ces
pauvres enfants lui disaient. Enfin la compagnie l'alla
rejoindre, et cette compagnie c'était ma femme avec
sa fille, M. et Mlle de Frescheville, qui avaient aussi
dîné avec nous. La mère se trouvait fort incommodée;
ce sont les meilleures gens du monde. J'avais été à
Auteuil par ordonnance des médecins; j'y serais
retourné plus d'une fois si le temps eût été plus sup-
portable. M. Hessein voulait aussi y venir. Il prétend
que toutes ses vapeurs lui sont revenues plus fortes
que jamais, et qu'elles n'avaient été que suspendues
par les eaux de Saint-Amand. L'air de Paris surtout
lui est mortel, à ce qu'il dit; en quoi il est bien différent de moi, et il ne respire que quand il en est
dehors. Il y a un procès assez bizarre contre un con-

seiller de la cour des aides, dont les chevaux, ayant pris le frein aux dents, vinrent donner tête baissée dans le carrosse de Mme Hessein, qui marchait fort paisiblement sans s'attendre à un tel accident. Le choc fut si violent, que le timon du conseiller entra dans le poitrail d'un des chevaux de M. Hessein, et le perça de part en part, en telle sorte que tous ses boyaux sortirent, et que le pauvre cheval mourut au bout d'une heure. M. Hessein a fait assigner le conseiller, et ne donte pas qu'il ne le fasse condamner à payer son cheval. Faites part de cette aventure à M. l'ambassadeur, et dites-lui qu'il se garde bien d'en plaisanter avec M. Hessein, car il prend la chose fort tragiquement.

LETTRE XXVIII

A Paris, le 10 novembre 1698.

Nous revînmes de Melun vendredi dernier, et j'en suis revenu fort fatigué. J'avais cru que l'air me fortifierait; mais je crois que l'ébranlement du carrosse m'a beaucoup incommodé. Je ne laisse pourtant pas d'aller et de venir, et les médecins m'assurent que tout ira bien, pourvu que je sois exact à la diète qu'ils m'ont ordonnée, et je l'observe avec une attention incroyable. Je voudrais avoir le temps aujourd'hui de vous rendre compte du détail de la profession de votre sœur (1); mais, sans la flatter, vous pouvez compter que c'est un ange. Son esprit et son jugement sont extrêmement formés : elle a une mémoire prodigieuse, et aime passionnément les bons livres. Mais ce qui est de plus charmant en elle, c'est une douceur et une égalité d'esprit merveilleuses. Votre mère et votre sœur aînée ont extrêmement pleuré, et pour moi je n'ai cessé de sangloter, et je crois même que cela n'a pas peu contribué à déranger ma faible santé. Nous n'avions point mené les petites ni Lionval, à cause des mauvais chemins. Votre sœur aînée est revenue avec des agitations incroyables, portant grande envie à la joie et au bonheur de sa sœur, et déplorant son propre malheur de ce qu'elle n'a pas la force de l'imiter.

(1) Anne Racine n'avait pas encore dix-huit ans quand elle fit profession ; mais alors l'âge requis par les ordonnances n'était que seize ans.

FIN

TABLE

CHAPITRE I

Famille de Racine. — Naissance de Jean Racine, le poëte. — Son entrée au collége de Beauvais. — Il est placé à la maison des Granges de Port-Royal pour achever son éducation. — En quoi consistait l'éducation de la jeunesse à cette époque. — Comparaison de cette éducation avec celle de nos jours. — Les corps enseignants au xviie siècle. — Les solitaires de Port-Royal-des-Champs. — Leur système d'éducation. — Instruction qu'y reçut Racine. — Ses progrès. — Principes religieux qu'il y puisa. — Son étude de la langue grecque sous Lancelot. — Sa mémoire prodigieuse. — Le roman de *Théagène et Chariclée*. — Son goût pour la poésie. — Ses premiers essais. — Vers latins qu'il composa à cette époque. — Ses maîtres s'opposent à son goût pour la poésie française. — Racine vient à Paris faire sa philosophie au collége d'Harcourt. — Réflexions sur ce qu'était alors l'enseignement de la philosophie.

1

CHAPITRE II

Sonnet de Racine à l'occasion de la paix des Pyrénées. — Mécontentement de sa famille. — Premier succès de Racine. — *La
Nymphe de la Seine.* — Protection que Chapelain accorde à
Racine. — Embarras de Racine pour le choix d'un état. — Il
accepte les propositions d'un oncle, qui lui offre la résignation
de ses bénéfices s'il veut embrasser l'état ecclésiastique. —
Séjour de Racine à Uzès. — Fragments de lettres à ses amis.
— Ses premiers essais de poésie dramatique. — Son retour
à Paris.   **14**

CHAPITRE III

Encouragements donnés à Racine par Molière. — Ode sur la convalescence du roi. — Ode ayant pour titre *la Renommée aux
Muses.* — Avantage que cette dernière pièce lui procure. —
Commencement de sa liaison avec Boileau. — Représentations
de la *Thébaïde.* — Jugement sur cette pièce. — Représentation
d'*Alexandre.* — Anecdote à ce sujet. — Cause de la rupture
entre Racine et Molière. — Estime que ces deux poëtes conservent l'un pour l'autre. — Partisans et censeurs de la tragédie d'*Alexandre.* — *Andromaque,* premier chef-d'œuvre de
Racine. — On manque de détails sur la vie privée de Racine
pendant l'espace de dix ans qui s'est écoulé entre la représentation d'*Andromaque* et celle de *Phèdre.*   **27**

CHAPITRE IV

Coup d'œil général sur le théâtre de Racine. — Différence entre
Corneille et Racine. — Jugement de Mme de Sévigné sur ces
deux poëtes. — Quels étaient les partisans et les adversaires de
Racine quand il fit paraître ses premiers ouvrages. — Encouragements que lui donne Louis XIV. — Racine est nommé
membre de l'Académie française.   **38**

CHAPITRE V

Excessive sensibilité de Racine. — Lettre de sa tante Agnès de Sainte-Thècle. — Lettre de Racine contre les Pères de Port-Royal. — Dispositions de Racine à la satire. — Motifs qui le détournèrent de ce penchant. — Ses principes religieux le déterminent à renoncer au théâtre. — Réfutation des assertions des prétendus philosophes sur les motifs de sa conversion. — Détails à ce sujet. — Lettres à son fils et à Boileau. — Conclusion. 52

CHAPITRE VI

Racine veut se faire chartreux. — Il est détourné de ce dessein par son confesseur, qui l'engage à se marier. — Il épouse Catherine Romanet, fille d'un trésorier de France. — Modicité de la fortune de Racine à l'époque de son mariage. — Bienfaits qu'il reçut de la cour. — Bonté et simplicité du caractère de sa femme. — Son désintéressement. — Anecdote à ce sujet. — La religion fut le lien de l'union entre Racine et sa femme. — Réconciliation de Racine avec ses anciens maîtres. — Souvenir de ses fautes et comment il sut les réparer. — Premiers rapports de Racine et de Boileau avec la cour. — Quelle part ils prirent à la création de l'Académie des inscriptions et belles-lettres. — Motifs qui les fit nommer historiographes du roi. — Racine prend au sérieux ses nouvelles fonctions. — Ses études préparatoires à ce sujet. — Il accompagne le roi dans la plupart de ses campagnes. — Lettres de Racine à Boileau pendant le siége de Mons. 65

CHAPITRE VII

Justification de Racine au sujet d'une accusation portée contre lui par Valincourt, relativement à l'histoire du roi. — Regrets que doit causer la perte des manuscrits de cette histoire, et surtout que Racine ne se soit pas occupé d'une histoire générale de France. — Lectures faites au roi par Racine et Boileau des morceaux de son histoire. — Commencement de la faveur de Mme de Maintenon et de ses liaisons avec Racine. — Désir de Racine de voir entrer Boileau à l'Académie française. — Le même désir est manifesté par le roi, et Boileau est élu. — Mort de Corneille. — Contestations entre Racine et l'ancien directeur de l'Académie pour rendre les honneurs funèbres à l'auteur du *Cid*. — Mort de Benserade. — Réception de Thomas Corneille à la place de son frère. — Remarquable discours de Racine. — Observations au sujet des éloges académiques. — Retentissement du discours de Racine. — Fragments de ce discours. — Le roi se le fait lire par l'auteur. 81

CHAPITRE VIII

Trois parts que Racine fait de sa vie après son mariage : l'une consacrée à Dieu, l'autre à sa famille et à l'amitié, la troisième au roi. — Racine dans son intérieur. — Ses enfants. — Attachement qu'il leur portait. — Soins qu'il donne à l'éducation de son fils aîné. — Avancement qu'il lui procure. — Bonheur que goûtait Racine au milieu de sa famille. — Anecdote curieuse. — Ses jeux avec ses enfants. — Détails naïfs. — Racine avec Boileau et ses amis dans la maison de Boileau à Auteuil. — Penchant de Racine à la raillerie. — Comment il s'en corrige. 95

CHAPITRE IX

Racine à la cour. — Comment Racine était courtisan. — Justification des reproches adressés à Racine et aux grands écrivains de son temps d'avoir fréquenté la cour de Louis XIV. — Différence entre le *vrai courtisan* et l'homme de lettres qui fréquente la cour. — Distinctions et marques de préférence accordées à

Racine par Louis XIV. — Racine incapable, pour plaire au roi, de se prêter à un acte contraire à sa conscience. — Un fait à l'appui de cette assertion. — Il n'est point attaché à la cour par ambition. — Véritables motifs qui l'y retiennent. — Dédicace des *Œuvres diverses d'un auteur de sept ans*, attribuée jusqu'ici à Mme de Maintenon, et reconnue pour avoir été composée par Racine. — Attachement de Mme de Maintenon pour Racine. 109

CHAPITRE X

Mme de Maintenon prie Racine de lui faire une pièce pour Saint-Cyr. — Embarras de Racine. — Conseils de Boileau. — Racine se décide à traiter le sujet d'*Esther*. — Succès prodigieux de cette pièce. — Empressement des courtisans à être admis aux représentations d'*Esther*. — Noms des demoiselles qui jouèrent dans les premières représentations. — Détracteurs d'*Esther*. — Mme de Lafayette. — Compte rendu, par Mme de Sévigné, d'une représentation d'*Esther*. — La critique s'éveille à l'impression de la pièce. — Réfutation d'une calomnie de la Beaumelle sur l'effet qu'auraient produit sur Racine les critiques d'*Esther*. — Froid accueil que reçut *Esther* au Théâtre-Français, en 1721. 120

CHAPITRE XI

Athalie. — Motifs qui déterminèrent Racine à composer cette pièce. — Cabales pour en empêcher la représentation. — Mme de Maintenon se décide malgré elle à ne pas faire jouer la pièce à Saint-Cyr. — Elle est jouée seulement deux fois dans les appartements de Versailles, sans costumes ni décorations. — Succès qu'elle y obtint. — Racine fait imprimer *Athalie*. — Indifférence du public. — Épigramme attribuée à Fontenelle. — Racine est péniblement affecté de la froideur du public pour cette œuvre. — Le mérite de cette pièce n'est reconnu qu'après la mort de Racine. — Anecdote à ce sujet. — Son invraisemblance. — Véritable cause de la réaction opérée dans l'opinion

en faveur d'*Athalie*. — Représentation d'*Athalie* par les seigneurs de la cour. — Le régent la fait jouer en 1717 sur le
Théâtre-Français. — Ses motifs. — Succès de la pièce. — Opinion de Mme de Caylus sur cette représentation. — Mécontentement de Mme de Maintenon. — *Athalie* ne procure à Racine et
à sa famille que de la gloire sans profit. — Appréciation d'*Esther* et d'*Athalie*.   136

CHAPITRE XII.

Espèce de disgrâce dans laquelle tombe Racine. — Il en est profondément affecté. — Sa maladie. — Son retour à Versailles
avant son entière guérison. — Un placet qu'il présente au roi
est refusé. — Nouveau chagrin de Racine. — Perfides insinuations de ses ennemis. — Sa conversation avec Mme de Maintenon.
— Il ne va plus que rarement à la cour. — Sa dernière maladie. — Son courage, sa résignation. — Son directeur. — Visite
qu'il reçoit des personnes de la cour. — Intérêt que le roi
prend à sa situation. — Derniers et touchants adieux de Racine
et de Boileau. — Mort de Racine. — Son extrême sensibilité a
été une des principales causes de sa mort. — Son portrait physique. — Visite de Boileau à la cour après la mort de son
ami.   151

CHAPITRE XIII

Dernières dispositions de Racine. — Son testament. — Il est
inhumé à l'abbaye de Port-Royal-des-Champs. — Translation
de son corps dans l'église de Saint-Étienne-du-Mont. — Épitaphe latine composée par Boileau et traduite en français par
le même. — Générosité de Louis XIV. — La veuve de Racine
est ruinée par le système de *Law*. — Sa mort. — Jean-Baptiste
Racine se retire du monde et meurt dans la retraite. — Louis
Racine; ses essais poétiques. — Lettre de son frère Jean-Baptiste pour le dégoûter du métier de poëte. — Appréciation du

talent de Louis Racine. — Son fils. — Ses heureuses disposi-
tions, ses talents. — Il entre dans le commerce maritime. —
Son voyage à Cadix. — Catastrophe qui lui donne la mort. —
Douleur de son père Louis Racine. — Sa résignation chrétienne.
— Il abandonne le monde pour se préparer à la mort. — Visite
de Delille à Louis Racine. — Mort de Louis Racine.   164

EXTRAITS DE LA CORRESPONDANCE DE JEAN RACINE AVEC SON FILS
AÎNÉ.   181

TOURS. — Impr. MAME.